한국인만 몰랐던
더 ─ 큰
대한민국

한국인만 몰랐던 더 ― 큰 대한민국

이**만열**(임마누엘 페스트라이쉬) **지음**

•

더 큰 대한민국을 만들어 가는 길에 희망의 빛이 되어 주세요

책 한 권을 읽고 저자와 함께 토론하는 서울시 자체 프로그램에서 이만열 교수의 책《한국인만 모르는 다른 대한민국》을 선정한 적이 있습니다. 책을 읽고 교수님과 함께 이야기를 나누었던 기억은 몇 해가 지난 이 순간에도 큰 감동으로 남아 있습니다. 대한민국에 대한 교수님의 남다른 통찰에 많은 공감을 했고, 또 다른 서울 그리고 또 다른 대한민국을 만들어 나가기 위한 소중한 혜안을 얻은 시간이었습니다.

3년이 지난 지금, 이만열 교수님은 우리 사회에 또 하나의 귀중한 선물을 준비해 주었습니다. 대한민국은 한강의 기적으로 대변되는 고도성장과 발전을 이뤄 냈지만 지금은 저성장, 저출산, 고령화, 높은 자살률, 기후변화 등 많은 과제들를 안고 있습니다. 우리의 현 상황과 앞으로 나아갈 방향에 대해 많은 시민들이 각자 고민하고 있을 것입니다.

하지만 대한민국이라는 나라 안에 살고 있는 당사자인 한국인이 한국 사회의 문제를 정확하게 진단하기는 그리 쉬운 일이 아닙니다. 마치 세 맹인이 각자 코끼리의 다른 부위를 만져 보고 그 모양새에 관해 갑론을박하는 모양새처럼, 한국 사람이 직접 한국 사회의 문제점을 진단하고 해결책을 내놓을 경우, 자칫 각자 처한 상황에 매몰될 우려가 있습니다. 우리 스스로 무엇이 잘못되었는지에 대한 포괄적인 분석을 제시하거나 미래에 대해 일관성 있는 비전을 유지하는 것은 그만큼 어려운 일입니다.

다양한 문화를 내·외부에서 경험한 이만열 교수는 미국에서 온 이방인이지만, 지난 십여 년 동안 역동적인 한국 사회를 직접 겪었고 다양한 한국인들과 이야기 나누며 한국의 문화와 사회 및 경제 전반에 대한 폭넓은 경험을 쌓아 왔습니다.

책에서 이만열 교수는 대한민국이 현재의 이 유례없는 위기를 기회로 삼아 새로운 방향으로 나갈 수 있는 방법들을 매우 현실적이고 구체적으로 제안했습니다. 이만열 교수님의 《한국인만 몰랐던 더 큰 대한민국》에 큰 공감을 보내며, 이 책을 통해 더욱 많은 분들이 더 큰 대한민국을 만들어 나가는 길에 희망의 빛이 되어 줄 것이라고 믿습니다.

서울시장

박원순

·

먼 출구 쪽에서 던지는 담론?

미로 게임에서 길을 빨리 찾는 요령 중 하나는 입구에서 출구를 찾아 가지 않고 출구에서 입구를 역으로 찾아 나가는 것이다. 이 책의 원고를 받아들어 읽기 시작했을 때 우리의 현실과 먼 이상적인 이야기들, 먼 출구 쪽에서 던지는 담론이 아닐까 생각했다.

그러나 이내 읽는 방법을 터득하고 나니 곳곳에 금강석처럼 번득이는 통찰과 지혜들이 눈에 들어오기 시작했다. 왜 조금 더 세련되고 조금 더 잘 팔리는 것에만 매달렸을까?

지금은 저자의 충고대로 전혀 보이지 않고 존재하지 않는 것, 꿈꾸길 포기했던 더 큰 그림을 그려야 할 때인데. 그리고 먼 미래, 큰 그림은 우리가 매달려 온 자잘한 갈등과 지긋지긋한 대립을 해소할 해결책이기도 할 텐데. 안목을 넓혀 준 저자에게 감사한다. 무엇보다 한국과 한국인을 향한 그의 지순한 사랑에 감사한다.

CBS 대기자

변상욱

왜 많은 한국인이
이만열 교수의 글에 열광하는가

내가 이만열 교수를 처음 만나게 된 것이 지난 연말이었으니, 기간으로 보면 불과 몇 달이 되지 않는다. 그럼에도 불구하고 나는 이 교수와 한국 사회를 보는 관점과 내용을 깊이 공유하면서, 오랫동안 사귄 지인 같다는 느낌을 받았다. 옛 성현들이 뜻이 맞는 친구를 만나는 즐거움을 시로써 노래한 심정을 이해할 수 있을 듯하다.

그와 인연을 맺게 된 것은 수많은 사람들이 광장에 모여 촛불집회에 한창이던 지난 11월 무렵이었다. 이만열 교수가 내가 이사장을 맡고 있는 '다른백년'에 직접 찾아와 웹사이트에 게시되는 '백년칼럼'의 필진으로 참여하고 싶다고 했다. 그의 첫 칼럼인 '촛불을 든 한국 젊은이들에게'는 뜻밖의 큰 호응을 받았다. 조회수가 수십만 건을 넘기면서 서버가 다운되는 사태가 일어나기도 했다.

유명 매체도 아니고 출범한 지 몇 달 되지도 않은 단체인 '다른백년'의 홈페이지에 수십만 명이 찾아왔다는 사실은 촛불시민 혁명 과정에서 일어난 놀라운 기적이다. 최근에도 그가 쓴 칼럼 '한국인은 왜 독립적인 사고를 못 하나' 역시 2~3일 만에 십만여 건의 조회수를 기록했다.

자연스레 '왜 수많은 한국인이 임마누엘 페스트라이쉬 교수의 글에 열광하는가'라는 질문을 던지게 된다.

내가 찾은 첫 번째 답은 그가 미국에서 태어나 중국과 일본의 문화사를 전공한 뒤 대만과 일본에서 연구와 강의를 십여 년간 하고 9년째 서울에 살면서, 국제적인 균형 감각으로 한국의 현실을 매우 정확하게 지적하고 있는 외국인이라는 점이다.

이에 더해 그는 적정한 거리를 유지하면서 정치 감각이 가미된 인문학적 시각으로 한국 사회를 냉정하게 분석하고 있다. 마치 존 롤스가 '정의론'에서 언급한 것처럼 이해관계에서 일정한 거리를 두고 관찰하고 있다는 느낌을 준다.

두 번째는 그가 지니고 있는 한국 사회에 대한 해박한 지식과 애정 속에 담긴 촌철살인의 언어다. 본문에서 다루는 한국 사회의 현안에 대한 주제어는 다채롭다. 몇 가지 단어만 열거해 보면 '통합 정치', '습관적 정치', '6대 주기의 종언', '강한 정부', '글로벌 플랫폼인 사랑방', '한국적 저널리즘', '맨해튼다움보다 서울다움' 등 모두가 철학과 역사의 풍부한 이해를 바탕으로 한국에 대한 사랑을 듬뿍 담은 내용들이다.

세 번째는 그가 가지고 있는 해박한 지식이 머릿속에만 담겨 있는 게 아니라 현실에 대한 비판이자 변화를 위한 열쇠라는 점이다. 그에게 '안보'라는 용어는 단순히 군사적, 정치·지리적 개념에 머물지 않고 문명사적 시각에서 출발해 기술과 환경, 종국에는 기후변화의 위협으로부터 벗어나기 위한 일상의 지침으로 연결된다. 독자들이 본문에서 확인할 수 있듯이 장황할 만큼 긴 내용으로 세세한 일상의 실천, 예컨대 재활용, 수리 가능한 체계와 지속 가능한 제품 생산 등을 언급하고 급기야 환경의 주제를 미학적으로 승화시켜, 명상적·관조적 삶의 자세와 용기 그리고 문화적 고찰에까지 이르고 있다. 깨어 실천하는 지성의 모범이라고 할 수 있다.

마지막으로 한 가지 더 보탠다면 그의 장기적인 안목을 가진 역사적 성찰과 책임감 넘치는 언어다. 촛불시민 운동으로 탄생한 문재인 정부를 향해 '끝난 것이 아니라 새로운 도전'이라고 선언하고, 한국 사회의 문제를 누구보다도 날카롭게 지적하면서 산업 붕괴의 위기, 내부 정책의 미비와 부패, 환경문제의 심각함을 언급하면서 해결 방식으로 현안에 대한 근시안적 접근보다는 중장기적 처방을 제시한다. 그는 '유연한 사고 능력을 키우는 교육', '차분하게 준비하라', '위기감으로 습관을 바꾸라', '용기 있는 결단' 등을 우리에게 요청하고 있다.

용기 있는 지성인 이만열(임마누엘 페스트라이쉬) 교수가 현재 한국 사회에서 우리와 함께하고 있다는 것은 축복이다.

다른백년 이사장

이래경

대한민국을 위한 책,
한국인을 위한 책

이만열 교수는 진정한 한국인이 가져야 할 정신을 가진 외국인이다. 16년 전에 《한국인에게 고함》이라는 책을 쓴 나는 《한국인만 모르는 다른 대한민국》의 저자가 궁금하지 않을 수 없었다. 그와의 첫 만남 때, 나는 하버드대, 예일대, 도쿄대에서 인류사와 동양사를 연구한 석학으로서 동서양의 문화와 가치를 두루 섭렵한 그의 식견에 감탄했다.

더욱이 신라시대 석학 최치원 선생에 대한 공통된 관심사로 우리의 인연은 깊어졌다. 몇 년간 만남을 이어 오며 인류 문제와 지구환경 문제를 해결하기 위해 필요한 정신과 철학에 대해 깊은 대화를 나눈 끝에 작년에는 《지구경영, 홍익에서 답을 찾다》라는 책을 함께 집필하기도 했다.

이만열 교수의 《한국인도 몰랐던 더 큰 대한민국》에서는 한국인의 정신세계를 깊이 이해하고, 그 정신적 가치를 통해 대한민국이 지금의 위기를 극복하기 위해 나아가야 할 바를 정확하게 제시하고 있다. 그의 바람대로 홍익의 새로운 가치관을 세운 우리 국민이 대한민

국을 넘어서 지구환경을 위한 행동으로 나아가기 바란다. 격동하는
세계의 한복판에서 가장 객관적인 눈으로 한국을 바라보는 그의 시
선에서 한국에 대한 깊은 사랑이 느껴진다. 한국인이라면 누구나 꼭
읽어야 할 필독서로 추천한다.

글로벌사이버대학교 총장
일지 이승헌

•

한국 사회에 던진
신선한 지적 충격

내가 임마누엘을 처음 만난 것은 90년대 말, 주 미국대사관에서 함께 일할 때였다. 그는 그때 이미 나에게 동아시아 역사와 문화에 대한 해박한 지식과 깊은 통찰력으로 강한 인상을 주었다. 세월이 흘러 이제 그는 한국에서 이만열 교수로 활발한 활동을 보이고 있다.

이 책에 실린 이 교수의 글은 변화의 와중에 있는 동아시아에서 한국이 생존하고 번영하려면 어떻게 해야 하는지에 관한 것이다. 나는 이 책의 원고를 읽으면서 지난 20년 가까이 그와 교유하는 가운데 느꼈던 그의 남다른 특장을 다시 한 번 확인할 수 있었다.

그의 첫 번째 장기는 동양에 정통한 서양인으로서 한국인이 귀담아들어야 할 제언을 내놓는 것이다. 그는 현 시대를 주도하는 서구적 세계 질서 속에서 한국의 행보가 무엇이어야 하는지를 '한국도 알고 서양도 아는 지식인'의 입장에서 제기한다. 동서양을 아우르는 견해다.

그의 두 번째 장기는 우리가 나가야 할 미래 방향을 모색하는 데 유용하게 쓸 수 있는 요소가 우리의 과거 문화유산 속에 있음을 일깨워 주는 것이다. 그리고 그는 그 요소를 활용하여 한국이 기존의 질서를 추종하는 데 그치지 말고 새로운 창의적 대안을 찾아 나가기를 권한다. 우리의 과거와 현재를 아우르는 주장이다.

그의 세 번째 장기는 정치·경제·사회만이 아니라 문화·역사를 포괄하고 더 나아가 환경과 인권까지 망라하는 폭넓은 관점에서 해법을 제시한다는 것이다. 여러 분야의 학문을 아우르는 접근이다.

한국은 중대한 전환기에 있다. 동아시아 전체의 변화에 더하여 한국 내에는 또 다른 변화 사이클이 엄청난 동력으로 작동하고 있다. 촛불시위와 탄핵으로 새로운 도전이 시작되었고, 이제 한국에서는 앞으로 지향해야 할 정치·경제·사회·문화적 방향이 무엇일지에 대한 사회적 논의가 진행되고 있다.

이런 국면에서 이만열 교수가 제기하는 논점은 앞서 말한 특장 때문에 한국 지식인 사회에 던지는 신선한 충격이며 나아가 현재 진행 중인 국민적 담론의 유용한 촉매제다.

서울대 정치 외교학부 객원교수

위성락

차례

1부　국민과 함께하는 통합 정치 문화

2부

한국에 의한,
한국을 위한 지정학

 3부

행동하는 국민,
새로운 가치관을 세우자

4부 한국인의 잠재력, 그리고 선조들이 남긴 문화

5부 경제 살리기는
결코 거창한 것이 아니다

국민과 함께하는
통합 정치 문화

촛불시민에게
전하는 메시지

지난해 가을부터 올봄까지 광화문 광장에 모인 수많은 시민들은 내게 큰 감명을 주었다. 그들은 한 손에 촛불을, 다른 한 손에는 직접 만든 포스터를 들고 거리로 나섰다. 그중에는 대학생, 고등학생은 물론 중학생도 있었다. 시민들이 거리로 나와 법치와 책임정치를 외치는 모습은 숭고했다. 그곳엔 정치의식이 살아 숨 쉬고 있었다.

언론은 평화로운 시위를 칭찬하며 이제 한국은 민주주의 모범 국가가 됐다고 치켜세웠다. 그러나 박근혜 전 대통령이 탄핵되고 그의 측근 최순실이 철창에 갇혔으니 모든 게 끝났다고 생각하면 오산이다. 이제 우리 앞엔 새로운 과제가 남아 있다.

한국의 지난 현대사를 돌아보면, 시민들의 민주화 투쟁은 많은 경우 정치인의 분열과 정치적 기회주의자들의 득세로 인해 실패로 돌아갔다. 이후에도 한국은 꾸준히 발전해 왔지만 그렇다고 과거의 실수를 반복하지 않으리란 보장은 없다. 박근혜 탄핵은 결코 최후의 목표가 될 수 없다. 그것은 정경유착 해체를 위한 첫걸음일 뿐이다.

한국 경제는 무역에 크게 의존하는 구조다. 그러나 해운업, 조선업, 철강업의 수출 여건이 악화돼 심각한 경기 침체가 예상된다. 그런데도 언론에서는 이를 쉬쉬했고, 전 정부가 한 일이라곤 근근이 버티는 산업을 국민의 혈세로 겨우 유지하는 정도였다.

또한 현재 한국은 사드(THAAD·고고도미사일방어체계) 배치에 대해 경제 보복으로 압박하는 중국과 관세 부과 등 보호무역주의를 내세우는 미국 트럼프 정부 사이에 끼어 있는 상태다. 부모 세대가 믿어 의심치 않았던 완전 자유무역체제는 붕괴 위험에 처했고, 트럼프 정부는 중국의 군사적 위협을 강조하는 강경파로 둘러싸여 있다. 신임 미 국방장관 제임스 매티스는 중국을 미국의 직접적 위협으로 간주했고, 백악관에 신설된 국가무역위원회(NTC) 위원장 피터 나바로는 《중국에 의한 죽음(Death by China)》이라는 논쟁적인 책에서 미국이 겪는 모든 어려움을 중국의 불공정 무역 탓으로 돌렸다.

국민들은 박근혜 전 대통령이 물러났으니 사드 계획도 철회되리라 생각할지 모른다. 그러나 트럼프 정부는 중국에 맞서기 위해 한국을 미·일 동맹에 포섭하려 갖은 수를 쓰고 있다. 더구나 한국은 미국산 무기를 대량으로 수입하는 나라 중 하나다. 2014년 기준 한국의 미국산 무기 수입액은 78억 달러로 세계 1위였다. 사드는 한국이 수입하는 드론, 헬리콥터 등 수많은 미국산 무기 중 일부일 뿐이다. 미국 경제가 어려워질수록 한국에 대한 무기 수입 압박은 더욱 커질 것이다.

이렇듯 불확실한 미래 앞에서, '촛불시민은 위대하다'고 부추기는 언론의 감언이설은 경계해야 한다. 상업화한 언론은 날카로운 비판 의식을 잃어 가고 있다. 살아남기 위한 선정성 경쟁에 몰입할 뿐 세상이 진짜 어떻게 돌아가는지에 대해서는 별로 말하지 않으며, 사회 현상의 심층을 들여다보는 분석 기사는 찾아보기 힘들다.

언론 매체들에겐 정부의 무능과 부패를 감시할 기회가 있었다. 그러나 이들 매체는 한국 사회를 병들게 한 부패에 눈감았다. 24시간 최순실 사태를 자극적으로 보도하지만 정작 한국 사회를 위태롭게 하는 경제·사회·환경·외교적 위기를 보도하는 데는 소홀했다. 보수 매체든 진보 매체든 의회를 통과한 법안, 정부 지원금을 받는 법 집행 기관의 활동에 대해서는 거의 보도하지 않았다. 언론이 정부 정책에 대해 말하지 않으니, 우리도 알 길이 없다.

예컨대 이번 박근혜-최순실 게이트에서 이들이 부당하게 갈취한 금액은 이명박 정부가 4대강 사업에 쏟아부은 22조 원이나 자원 외교에 낭비한 수십조 원에 비하면 적은 편이다. 그런데도 이명박 전 대통령은 화살을 피해 갔고, 박근혜 전 대통령은 탄핵됐다. 이것은 이명박 정부가 정부 조직과 공기업들을 경유해 정책을 진행한 탓에 대통령 개인의 비리가 드러나지 않았기 때문이다.

미세 먼지 문제도 그렇다. 갈수록 공기가 나빠지는 걸 우리는 매일매일 피부로 느낀다. 박근혜 정부가 대기 관련 환경 규제를 완화하고, 공장 감독관제를 축소한 것이 그 원인 중 하나다. 많은 공장들은 최소 20년 동안 암을 비롯한 수많은 질병을 야기할 미세 먼지를 배출하고 있다. 게다가 중국에서 건너오는 오염 물질도 만만치 않다. 이런 상황에서도 한국은 OECD 국가 중 재생에너지 사용 비율이 가장 낮으며, 오히려 화석연료 사용이 증가하는 추세다. 우리는 헌법 10조에 규정된 '행복추구권'을 박탈당하고 있다.

지난 촛불집회에서 대기오염 관련 문제는 20대 의제에도 들지 못했다. 유일한 의제는 오로지 박근혜 탄핵이었다. 솔직히 우리 마음속에 자리한 의제가 스무 가지씩이나 되는지도 의문이다. 기후변화는 한국을 사막화할 것이다. 벌써 중국 베이징은 사막화가 진행 중이고, 북한의 땅도 황폐해지고 있다는 소식이 들린다. 해수면이 계속 상승한다면 부산과 인천의 미래는 어떻게 바뀔까? 정치인이 이런 진실을 말하지 않는 것은 그렇다 치더라도, 국민들까지 이에 대해 눈감는 것은 이해할 수 없다.

이 외에도 수많은 의제들이 있다. 기술 문명에 대한 과도한 의존, 고도 경쟁 문화에 따른 가족과 공동체의 붕괴 등 우리가 당면한 문제는 차고 넘친다.

시민이야말로 한국과 세계를 바꿀 힘이다. 나라의 운명은 시민의 힘에 달려 있다. 그러나 위에서 말한 문제들은 단순히 촛불집회로 해결되지 않는다. 수십 년의 싸움이 필요할지 모른다. 그러니 일단 호흡을 고르자.

첫 호흡은 '유연한 생각'에서 출발하는 것이 좋겠다. 그러기 위해선 우선 학창 시절부터 체화된 과도한 경쟁의식에서 벗어나야 한다.

동료와 힘을 모아 서로 돕는 따뜻한 공동체를 만들어야 세상을 바꿀 수 있다. 또한 경쟁체제 안에서 굳어 버린 고정관념으로부터 벗어나 세상을 있는 그대로 보는 자세를 가져야 한다. 부모의 시선, 대중매체의 시선, 산업화와 소비주의의 낡은 이데올로기에서도 벗어나야 한다. 기존의 시스템은 실패했다. 우리는 스스로 혁신하고 진보해야 한다.

아무리 삼성그룹이 경영 전공자를 찾더라도 만약 강한 정부와 건강한 사회를 꿈꾼다면 정치철학, 역사, 문학에 관심을 가져야 한다. 특히 인문학은 절대적으로 필요하다. 권력을 견제하고 책임 있는 시민 의식을 지향하며 독재를 견제하고 싶다면 플라톤과 공자, 베버와 마르크스에 대해 공부해야 한다. 어쩌면 1960년, 1979년, 1987년의 시민 항쟁에 참여했던 부모 세대들이 철학과 윤리학, 건강한 사회를 만드는 전략에 더 밝았을지도 모른다.

진보적이라고 평가되는 정치인의 말이라도 무작정 믿지 말고 새로운 관점에서 의심해 보는 자세를 가져야 한다. 정치인은 말이 아니라 행동으로 판단해야 하는 이들이다. 특정 경제 시스템을 절대선 또는 절대악이라고 못 박거나, 특정 국가를 영원한 적 또는 동지라고 재단해선 안 될 것이다.

규범을 지키고 열심히 공부하면 좋은 직장을 얻고 잘살게 될 것이라는 부모의 말도 거부하자. 거짓말이다. "경쟁에서 이겨라!" 이것이 지난 세대의 모토였다. 그 결과 공동체는 무너졌고 개인의 삶은 위협받고 있다. 개인이 잘살기 위해서라도 공동체를 위한 시민의 윤리가 살아나야 한다.

아직 선거권이 없는 나이라도 괜찮다. 사회적 강박에서 벗어나 유연한 사고로 세상을 꿰뚫어 보려는 시도가 이 사회를 바꾼다. 우리가 요구하지 않는다면 대통령이나 재벌이 우리가 원하는 방향으로 의사결정을 할 가능성은 없다. 젊은이에게 투자하는 것이 한국 사회를 발전시키는 길임을 적극적으로 설득해야 한다. 권위와 권위 있는 인물에 기대지 말자. 우리의 힘으로도 충분히 세상을 바꿀 수 있다.

거듭 말하지만 정치인에게 많은 것을 기대해선 안 된다. 그들은 자신의 권력을 우리를 돕는 일에 사용하지 않는다. 그렇지만 우리를 돕는 것이 자신의 권력 유지에 이득이 된다면, 즉시 발 벗고 나설 것이다. 따라서 중요한 것은 정치인이 아니라 우리 자신이다.

사람들은 투표장에서 우리의 문제를 일거에 해결해 줄 초인을 뽑으려는 경향이 있다. 그러나 그런 초인은 절대, 어떤 경우에도 나타나지 않는다. 대신 생활 속에서 우리가 선출한 정치인들의 활동을 관찰하고 감시해 보자. 그러면 삶에 작은 변화가 생길 것이다. 열정적인 풀뿌리 운동이 정치인을 움직이고 세상을 나아가게 한다.

당신을 이끌어 줄 리더를 원하는가? 그렇다면 거울을 보라. 그 안에 당신이 찾던 사람이 있다.

"차분하게 준비하라!(Don't get mad; organize!)"

우리에게 필요한 말이다. 이번 촛불집회는 과거와는 달랐다. 앞으로 어떤 사회를 만들지 장기적인 관점에서 고민해 보자. 우리 자신이 변화의 주인공이 돼야 한다. 용기를 갖고 미래를 상상하고, 자신에 대한 확신을 갖기 바란다. 더 나은 한국을 만들 수 있다는 상상과 확신을 멈추지 않기를….

지금 한국과 세계는 심각한 위기에 직면해 있다. 위기의식을 갖고 낡은 관습과 문화에서 벗어나려는 노력을 멈춰선 안 된다. 점심을 먹으면서 혹은 커피를 마시면서, 직면한 국제적 과제에 대해 우리가 해야 할 일은 무엇인지 이야기하는 것을 두려워해선 안 된다.

동시에 이러한 우리의 접근 방식을 긍정하는 자세가 필요하다. 우리가 하는 일이 의미 있으며, 사회를 변화시키는 일에 기여할 수 있다고 생각하는 것부터 시작해야 한다. 즉 위기의식과 낙관주의의 조합, 이것이 진정한 제도적 변화를 이끌어 낸다.

국정농단을 가능케 한
한국의 정치 문화

박근혜 게이트에서 우리는 무엇을 얻을 수 있을까. 그저 '내가 옳았
다'는 사실의 확인이 아니라 사회의 진보를 원한다면, 핵심 인물에만
쏠린 관심을 넘어서야 한다. 보다 중요하게 들여다봐야 할 것은, 권
력을 가진 극소수에 의한 국정농단을 가능케 한 한국 정치 문화의 문
제다.

영향력 있는 식자들이 역사상 최악의 정부 운영을 목격했을 때
그토록 수동적 태도를 취하지만 않았어도, 상황이 이와 같은 통제 불
능에 이르지는 않았을 것이다. 나는 '최순실'이라는 이름은 듣지 못
했지만, 많은 정·재계 인사들이 청와대의 비밀스럽고 무책임한 정책
결정에 대해 말하는 것을 여러 번 들었다. 청와대가 주요한 결정을
내릴 때 공식적으로 전문가의 조언을 받지 않는다는 사실은 결코 비
밀이 아니었다. 그럼에도 소위 한국의 최고 엘리트라 불리는 이들 중

누구도 정부에 책임 있는 국정 운영을 요구하지 않았다. 이들은 고급 정보에 접근할 수 있었지만, 그렇지 못한 일반 시민들에게 수년간 지속된 정치 위기의 본질을 이해할 수 있는 기회를 주지 않았고 그럴 의무감이 없다는 태도로 일관했다.

영향력 있는 인사들과 대화할 때마다 나는 누군가의 이름이 거론되는 것을 여러 차례 들었다. 그중에는 이런저런 자리에 누가 임명될 것인지에 대한 추측도 포함돼 있었다. 하지만 나는 그 누구도 '무엇이 한국 국민들에게 최선인가'를 묻는 것은 듣지 못했다. 근본적인 문제는 특정 인물이나 정책이 아니라 '정치 문화'인 것이다.

나는 이번 사태의 과정 전체가 하나의 비극이며, 그것도 여러 차원에서의 비극이라고 본다. 소수의 특권 집단이 대통령직에 수반되는 권력을 개인의 목적을 위해 남용하고, 국익은 안중에도 없이 자신의 이익을 위해 공식 절차를 무시했다는 진실을 외면해선 안 된다. 숭고한 임무를 수행하라고 국민이 잠시 빌려준 권력을 그들은 마치 자신의 사적 소유물인 양 다뤘다. 이러한 권력 남용의 죄는 현재 박근혜, 최순실, 정유라 이 세 사람에게서 가장 두드러지지만, 이들이 새롭게 만들어 낸 죄는 아니다. 한국 재계와 정부의 부정부패는 오랜 세월 한국 사회에 깊이 뿌리 내려왔다.

사태의 본질에서 벗어나 '여성'이 지나치게 편향된 방식으로 평가된 것도 크나큰 비극이다. 훌륭한 교육을 받고 필요한 기술을 갖춰 정부 요직에서 일하는 여성들이 외모 숭상과 얄팍한 소비사회, 부와 지위가 안겨 주는 특혜에 정신이 팔린 것으로만 비춰졌다. 세 여성이 보여 준 심리적 약점에는 여러 원인이 있겠지만, 가장 중요한 원인은 의무감의 결핍이다. 여성 리더로서의 의무감을 갖고 있었다면 그런 기만적 행동을 할 수 없었을 것이다. 돌이켜보면 박근혜 전 대통령은 여성 문제에 이상할 정도로 무관심했다.

이 사건이 가져온 결과 중 가장 간과된 점은 바로 앞으로 한국 여성이 받게 될 영향이다. 앞으로 한국을 이끌 여성들은 그간 여성의 발목을 잡아 온 간접적 모욕을 계속 받게 될 것이다. 따라서 한국은 지금 당장 여성 문제에 있어 상징적이며 실질적인 변화를 이뤄 내야 한다. 이는 더는 미룰 수 없을 만큼 시급한 과제다. 학계와 산업계, 정부에서 보다 숭고한 이상을 위해 일하고 용감하게 사회를 위해 봉사하며 준비된 역량을 발휘하는 바람직한 여성상을 미디어를 통해 제시해야 한다. 소비 대상으로 전락한 여성을 진흙탕에서 건져 낼 여성상이 필요하다. 세 여성이 저지른 행위에 집중하기보다 여성 문제에 대한 사회 전반의 태도 변화를 더욱 중요하게 받아들여야 한다.

오늘날 한국을 위협하는 가장 큰 요소는 북한도, 경기 침체도, 특정 정치인의 행태도 아니다. 가장 큰 위협은 문화적 데카당스(Decadence, 퇴락)의 확산이다. 이처럼 퇴락하는 문화 속에서 개개인은 공동체의 미래에 관심을 두지 않는다. 생각 없이 음식, 술, 성적 쾌락, 휴가와 스포츠에 탐닉한다. 단기적인 만족을 인생 목표로 삼으며 희생의 가치는 평가 절하한다. 이런 게 전형적인 퇴락이다.

시장의 수요를 창출하려는 목적으로 인간 내면에 숨어 있는 본능적 소비 욕구를 자극하는 것은 비극이다. 요즘 청년들 사이에서 소비의 욕망은 자제해야 할 것이 아니라 오히려 하나의 모범처럼 받아들여진다. 지금 시대는 청년들에게 한국의 전통문화가 가진 합리성, 자제력, 마음 챙김 등의 덕목을 가르치는 대신 상업광고가 전시하는 즉흥적이고 목적 없는 자기만족과 과시욕만을 강조한다. 이 같은 광고들은 규제해도 좋다고 생각한다.

단 몇 분만 텔레비전을 봐도 오늘날 한국을 위협하는 기괴한 문화적 퇴락을 목격할 수 있다. 각종 프로그램에선 무절제하게 꾸역꾸역 음식을 입에 넣으며 오감을 만족시키는 장면이 끝없이 반복된다. 광고에는 20여 년 전이라면 포르노그래피라는 이유로 금지됐을 차림새의 여성이 등장한다.

자극적 광고는 얼마간 상품 판매고를 올려 주겠지만, 이런 전략이 거버넌스(Governance) 기반을 약화시키는 도덕적 퇴락을 가져온다는 사실은 자명하다. 국가의 정책은 복지, 안보, 가치와 무관하게 부와 권력을 쌓는 기회로 전락했다. 이러한 퇴락이 사회 전체에 만연한다면 경제 정책이나 기술 정책만으로는 이 문제를 해결할 수 없다. 우리는 이 사실을 자각해야 한다.

'염치'의 상실은 훌륭한 한국 전통문화의 쇠퇴를 가속화했다. 예컨대 한국은 전통적으로 연로한 부모를 외면하는 행위를 창피하고 그릇된 것으로 간주해 왔다. 그러나 현대에는 연로한 부모를 요양원으로 보내는 것이 관례가 된 지 오래다.

한국은 유교 문화의 전통 안에서 도덕적 의무를 내면화하는 것을 미덕으로 여겨 왔다. 자신의 행위에 어떤 모순이 있는지, 스스로의 행동이 사회에 어떤 영향을 미칠지 항상 고민하는 삶의 태도를 고수했다. 하지만 현대의 많은 사람들은 주변 사람들의 평가와 사회가 부과한 표준에 자신이 부합하는지를 살필 뿐, 본인의 행동이 진정한 윤리적 의미에 합당한가에 대해서는 신경 쓰지 않는다.

윤리는 남의 이목과는 아무런 상관이 없다. 하지만 오랫동안 유교 문화의 속박 속에 살아온 한국인들은 점차 윤리의 강조를 개인의 삶을 제한하는 억압으로 받아들였으며, '즉시 만족'으로 표상되는 현대 생활과는 맞지 않는 구시대의 유물로 간주하게 됐다. 염치가 사라지면서 사람들은 자녀를 보살피고 일터에서 책무를 다하기만 하면 자신이 도덕적으로 살고 있다고 여긴다.

염치의 상실과 더불어 '인과'에 대한 인식의 저하 역시 한국의 문화를 쇠퇴하게 한 원인이다. 디지털 표현의 시대, 주변의 이미지가 끊임없이 바뀌는 시대를 살면서 우리는 일상적 행위와 그것이 타인과 세계에 끼치는 영향 사이의 관계를 더 이상 명료하게 알아채지 못한다. 심지어 대개 아무런 관계가 없다고 생각한다. 하지만 세상은 하나의 유기체다. 누군가 밀면 누군가는 밀리는 것이 이 세상이다.

우리는 카페에서 일회용 컵에 차를 마신다. 그러나 종이나 플라스틱 컵을 사용하는 것이 환경에 어떤 영향을 미치는지는 미처 생각하지 못한다. 카페 종업원들에게 건방지고 무례하게 대하는 사람도 부지기수다. 손님이라는 이름으로 이른바 '갑질'을 일삼으면서도, 이런 태도가 한국 문화 전체를 깎아 내린다는 인식은 하지 못한다.

모든 행위는 궁극적으로 도덕과 연관돼 있다. 독서, 식사, 담소를 포함해 우리의 모든 행위는 사회에 긍정적인 영향을 미칠 수 있다. 삶의 도덕적 의미를 일깨워야만 건강한 정치 문화를 만들 수 있다. 인간의 본성을 바꿀 수는 없지만, 삶의 모든 측면에서 높은 수준의 윤리적 행동을 기대할 수 있는 문화를 재확립해야 한다.

유권자들,
기적의 메시아를 바란다

'안철수 신당'이 등장했을 때, 정계에선 이들이 정체된 여의도 정가에 새로운 활기를 불어넣기를 기대하거나 그랬으면 좋겠다는 희망을 피력하는 사람들이 있었다. 하지만 대부분은 안철수 신당이 몇 가지 의례적인 변화에 이어 또 한 번 당명을 바꾼 것뿐, 정치에는 큰 변화가 없을 것으로 예상하기도 했다. 그들은 아름다운 구름이 하늘을 수놓으며 지나간다고 우리의 삶이 바뀌는 건 아니라고 비유했다. 정당과 보통 시민들의 관계도 마찬가지다. 신당의 등장은 근본적인 정치 개혁과 큰 연관성이 없다.

흥미롭게도 비슷한 일이 미국 민주당 진영에서도 일어났다. 미국 대선 후보였던 버니 샌더스는 새로운 정당의 창당을 원하지 않았다. 다만 샌더스는 힐러리 클린턴 지지자들에게서 민주당 당내 통제권을 가져오려 했다. 재계의 이익과 친밀해진 민주당을 원래의 모습으로 회복시키려는 의도였다. 샌더스 지지자들은 데비 와서먼 슐츠 전 민주당전국위원회(DNC) 의장을 상대로 총성 없는 전쟁을 치렀다. 슐츠 의장은 2008년 힐러리 선거운동본부의 공동 본부장이었다. 그는 선거 과정에서 힐러리 쪽에 유리하도록 편향된 행동을 보였다는 비난을 받았다.

안철수 의원과 샌더스 후보의 지지자들이 희망하는 것은 이들이 기성 정치인에 맞서, 정치가 재계·언론과의 유착을 끊고 일반 시민들의 요구에 집중하도록 만드는 것이다.

하지만 문제의 본질은 정치인이라기보다 정치에 대한 잘못된 인식에 있다. 미국에서 오랫동안 회자되어 온 말이 있다.

"유권자들은 리더가 아니라 기적을 일으킬 메시아를 원한다."

정치에 적극적으로 참여하는 시민은 많지 않다. 그들이 투표하는 이유는 그들을 대신해 문제를 해결할 사람을 선택하기 위해서다. 시민들은 문제 해결 과정에서 직접 특정 역할을 수행하고자 하지 않는다.

정치학자 테다 스카치폴은 저서《민주주의의 쇠퇴: 미국 시민 생활의 변모(Diminished Democracy: From Membership to Management in American Civic Life)》에서 현대사회에서 민주주의가 종언을 맞이한 이유를 짚어 내고 있다.

40여 년 전만 해도 미국의 해외전쟁참전용사회, 프리메이슨, 라이온스클럽 등 단체에는 사람들이 넘쳤다. 이들 단체는 내부적으로 선거나 위원회를 통해 민주주의를 실천했다. 여기에는 사회 기득권층

뿐 아니라 노동계급 출신의 회원들도 많았다. 그러나 오늘날 이러한 유형의 거버넌스에 참여하는 사람은 소수에 불과하다. 우리는 현대 사회에서 갈수록 외로움을 느낀다. 더구나 일상에서 정치 과정에 대한 민주적, 능동적인 참여 비율은 아주 낮다. 1960~1970년대와 비교해 보면, 그때는 투표권은 없었어도 이웃과 함께 토론하는 등 정치에 대한 관심과 참여도가 높았다. 하지만 지금은 이웃도 모르고 토론도 하지 않는다.

내가 살고 있는 아파트만 봐도 한국 민주주의의 현주소가 눈에 들어온다. 20여 가구가 아파트의 같은 동에서 복도 및 진입로를 공유하며 살고 있다. 하지만 같은 현관문을 드나드는 사람끼리 이름을 아는 이웃은 별로 없다. 친목이나 시설 개선 방안을 의논하기 위해 모인 적조차 없다. 공동 이익을 위한 공동체도, 시민적 담론도 없다. 일상의 기저에서부터 정치 참여를 경험할 수 있는 기회가 없고 행정 참여도마저 극히 낮은 상황에서, 사회 상층부의 민주주의를 기대하기란 어렵다.

투표만 잘하면 민주주의가 실현된다는 생각은 문제의 핵심에서 완전히 벗어나는 것이다. 정당은 가장 낮은 단계의 정치 문화에 부응하며 발전한다. 지역공동체의 의사결정 과정에 거주자들이 참여하지 않고, 공동체 구성원이 지역 봉사활동에 참가할 의무나 이웃과 공동으로 지역사회 개선을 위해 노력할 필요가 없다고 생각한다면, 정당은 움직이지 않을 것이다. 시민들이 하지 않는 일을 정당이 대신해 줄 거라는 기대는 어리석다.

아이로니컬하게도 지금보다 덜 민주적이었다고 여겨지는 전통 한국사회에서는 당면한 사안에 대한 의견 교환의 기회가 지금보다 훨씬 더 많았다. 시민의 기대에 부응하는 민주사회를 건설하는 게 우리의 바람이라면 한국의 전통적 마을 문화가 상당한 도움을 줄 것이다. 참여 민주주의를 제도화하기 위해 우리는 살고 있는 지역사회, 일상생활에서부터 민주적 참여를 시작해야 한다.

통일은 선택의 문제가
아니다

얼마 전 수업 시간에 한국의 미래와 통일에 관한 토론을 했다. 통일로 가는 올바른 길이 무엇이냐고 묻자 한 학생은 확신에 찬 듯 말했다.

"엄청난 통일 비용을 감안할 때 우리 세대에는 통일을 선택하지 않겠습니다."

수업을 마치고 그 학생의 말을 오랫동안 곱씹었다. 혹시 많은 한국인이 그 학생처럼, 역사가 통일을 선택하지 말라는 답변을 주고 있다고 여기는 건 아닐까. 그러나 분명한 사실은, 통일은 결코 선택의 문제가 아니라는 점이다.

통일에 관한 불후의 문구는 중국의《삼국지》서문에서 찾을 수 있다. 나라의 존망이 위태롭던 한漢조 말에 쓰인 그 유명한 역사소설의 서문에는 이런 구절이 나온다. '분구필합, 합구필분(分久必合, 合久必分)'. 즉 오랫동안 분열된 나라는 반드시 다시 통일되고, 오랫동안 통

일된 나라는 반드시 분열한다는 뜻이다. 이 말의 함축된 의미는 국가의 통일과 분열은 본질적으로 피할 수 없다는 것이다. 성공적인 통일이냐, 실패한 통일이냐의 차이만 있을 뿐 통일 자체는 선택의 대상이 아니다.

한반도의 통일 과정은 이미 시작됐다. 한국이나 미국의 정책과 무관하게 북한은 글로벌 경제 속에 편입되고 있다. 평양의 특권층은 베이징이나 모스크바에서 명품을 구입하거나 외화를 획득하고 해외 계좌를 통해 전 세계에 은밀한 투자를 벌인다. 북한에 대한 중국의 대규모 투자도 북한의 세계 경제 편입을 촉진하고 있다. 즉 남북한의 경제·금융 통합은 수면 아래에서 꾸준히 계속되고 있으며 앞으로도 계속될 것이다.

남북간 이념 장벽도 무너지고 있다. 공산주의 이념에 지배되던 당과 군이 사익을 추구하는 과두 집단으로 변화하면서 문화와 가치관의 차이도 계속 흐려지고 있다.

만일 남북통일 과정이 은밀히 진행된다면 정부 기관의 투명한 공식 협상보다는 군인, 불법 조직 등 비정상적인 채널을 통해 이뤄질 위험이 있다. 권력과 돈을 목적으로 한 비공식적 불법 거래가 이뤄진다면 향후 백 년간 한반도를 문화적·정치적으로 후퇴시키는 비극으로 이어질지 모른다. 실제로 어떤 일이 일어나고 있는지는 아무도 모른다. 최악인 것은 북한과 미국 간 협상이 진행되어도 한국에서 관련 보도는 전무했다는 점이다. 통일 자체보다 통일 방식이 중요한 이유다.

잘못된 통일이 일어날 가능성을 경계해야 한다. 문화적·제도적 통합을 위해 실질적 해결책을 찾으려는 노력도 포기해선 안 된다. 이를 방치한다면 통일은 방향을 상실한, 매우 위험한 상태가 될 수 있다.

현재 한국과 북한은 비무장지대(DMZ)를 사이에 두고 갈라져 의사소통과 인적 교류가 거의 불가능하다. 그러나 남북간 장벽은 DMZ만이 아니다. 한국과 북한에선 저마다 경제적·이념적 분열을 조장하는 세력이 공동의 미래를 방해하고 있다. 이들이야말로 눈에 보이지 않는 위험한 장벽이다. 1960~1970년대 한국의 발전을 이끈 놀라운 공동체 의식도 허물어지고 있다. 이러한 이웃과의 문화적·사상적 장벽은 DMZ보다 더 큰 장애다.

최악의 경우 남북은 화폐와 재화의 흐름에서만 통합된 나라로 귀결될 수 있다. 또 남북이 스스로의 의지에 의해서가 아니라 양국에 투자 중인 중국·러시아 또는 다른 국가의 발전 전략에 휘말려 통합돼 버리는 경우도 상상해 볼 수 있다. 새로운 통일 한국의 구체적 청사진을 만들지 못한 채 타의에 의한 통일이 이뤄진다면, 여러 세대 동안 갈등을 부추기는 엄청난 분열을 맞이하게 될 것이다. 우리 사회가 모든 수준에서 통합을 실현해야 하는 이유가 바로 여기에 있다.

통일은 남북 모두가 동등한 시민이 되고, 공통의 가치관을 공유하며, 서로에게 책임을 지는 방향이어야 한다. 남과 북이 문화적·사회적 통합을 이루지 못한다 해도, 현재 진행형인 경제 통합의 흐름은 계속될 것이다. 그런 통일은 멕시코와 미국의 국경처럼, 지금의 DMZ를 매우 착취적이고 부정적인 것으로 만들 가능성이 크다.

환경문제도 생각하지 않을 수 없다. 북한은 이미 과도한 경작과 삼림 파괴로 토양이 피폐해지고 있는 데다 기후변화까지 겹쳐 토양이 사막화되고 있다. 건조지역이 DMZ를 넘어 한국 땅에까지 영향을 미치면 가뜩이나 심각한 물 부족 사태를 더욱 심화시킬 가능성이 있다. 한국 정부가 아무리 노력해도 한반도의 사막화를 막기엔 역부족일 것이다.

이제 우리는 통일의 불가피성을 받아들이고, 그 과정을 성공시키는 데 필요한 구체적인 정책을 수립하는 일에 전념해야 한다. 사회의 내적 통합에 신경 쓰지 않은 채 경제적 통합만을 꾀하는 무책임한 통일은 우리 사회에 분열을 초래할 수 있으며 눈에 보이지 않는 분열은 DMZ보다 훨씬 더 비극적이고 위험하다.

물론 한반도의 통일은 전혀 새로운 국가를 건설하는 일이므로, 국제사회와 젊은이들의 관심과 열정을 불러일으킬 수 있다. 성공적 통일을 이루려면 국내외의 적극적인 참여와 열정이 반드시 필요하다.

남북통일에 대한 시각부터 다시 정립했으면 한다. 남북통일은 한반도를 넘어 세계의 미래와 연관된, 국제 지정학적으로도 획기적인 일이다. 물론 통일되면 북한에 다량 매장돼 있는 석탄·희토류 등의 지하자원과 같이 손에 쥘 수 있는 분명한 이득도 있다. 하지만 어떻게 자원을 이용하느냐에 대한 고민이 없다면 북한의 지하자원이 경제에 반드시 긍정적 영향을 미친다고 단언할 수 없다.

북한의 값싸고 숙련된 노동력에 대해 이야기하는 사람도 많다. 이는 중국을 비롯한 다른 나라와의 경쟁을 생각하면 중요한 부분이다. 하지만 이 또한 잠정적인 추측일 뿐이다. 오히려 궁극적으로는 통일한국의 노동 임금이 하향 평준화될 공산이 크다. 값싼 북한 노동력이 통일 한국에 긍정적으로 기여할 것이란 예측은 장기적으로 정치적 판단의 오류가 될지 모른다. 무엇보다, 앞서 열거한 장점들만으로는 한반도 통일을 향한 국제사회의 협력을 이끌어 내기에 역부족이다.

오히려 한반도 통일의 중요성은 지난 세기 한 번도 본 적 없는 대규모 실험이라는 데 있다. 새롭게 국가를 건설하는 과정에 엄청난 혁신이 수반될 것이기 때문이다. 많은 사람들은 독일통일과 비교하면서 한반도의 통일 조건이 훨씬 열악하다고 보고 있다. 이는 거꾸로 한반도 통일이 야기할 변화의 깊이가 독일통일과 비교조차 되지 않을 정도로 심대할 것임을 의미한다.

통일이 되면 한국 정부가 수백만 북한 주민들의 생계를 떠안게 될 것이란 우려도 있다. 하지만 이는 통일이라는 도전에 임하는 올바른 태도가 아니다. 최근 서울에서 열린 아시아 인스티튜트 세미나에서 국제 관계 전문가 존 페퍼는 이렇게 강조했다.

"한반도 통일은 부국과 저개발 국가를 하나의 국가로 통합하는 역사적인 일이 될 것이다. 만약 통일 한국이 문화와 사회 영역에서의 개혁을 통해 성공적인 해결책을 제시한다면 이것은 전 세계를 위한 하나의 모델이 될 수 있다."

남북한의 극단적인 임금 격차가 비극적 역사로 인해 오로지 한반도에서만 일어난 현상이라고 보는 것은 오해다. 세계 도처에서 극단적인 양극화 현상을 목격할 수 있으며 빈부의 격차는 점차 심화하고 있다. 선진국과 개발도상국 간의 괴리, 가진 자와 못 가진 자의 분리는 미래 세계가 맞을 가장 큰 도전이 될 것이다.

지금까지 한국인은 스마트폰과 자동차 디자인에 재능과 열정을 쏟아 왔다. 그런 노하우를 되살려 남북이라는 이질적인 두 사회의 통합에 적용할 수는 없을까. 새로운 문명의 창조라는 시각에서 전 세계에 영감을 주는, 역동적인 통일 한국을 만들어 나갈 수는 없을까.

통일은 단지 경제 성장을 자극하는, 북한에 대한 대규모 투자만을 의미하지 않는다. 오히려 통일은 전 세계에 모범이 될 최고의 국가 경영 및 행정 기술을 실천할 수 있는 기회가 될 것이다.

많은 사람들이 독일통일과 남북통일의 차이점을 주로 사상적·경제적 관점에서 서술해 왔다. 하지만 가장 본질적인 차이는 기술의 변화 자체에 있다고 나는 생각한다. 기술은 엄청난 속도로 발전해 왔고, 정보 처리 능력은 기하급수적으로 발전하고 있다. 세계 도처에서 기술의 발전과 사회의 변화를 따라잡지 못한 낡은 통치 체제들이 삐걱대거나 허물어지고 있다.

이쯤에서 통일 한국이 역사상 어떤 정부도 해보지 않은, 완전히 새로운 통치 체제로 수많은 도전을 해결해 나가는 모습을 상상해 보자. 단기적 통일 비용에 과도하게 집중하기보다, 통일을 새로운 국가 경영이라는 보다 본질적인 측면을 생각하는 기회로 삼았으면 한다. 1215년 입헌 정부를 만들어 낸 영국의 전설적인 마그나카르타(대헌장)처럼 통일 한국 또한 고도로 혁신된 새로운 체제를 만들어 내지 못하리란 법은 없다. 가령 기후변화, 고령화, 민주주의 훼손과 같은 광범한 문제에 대처할 수 있는 새로운 제도적 개혁을 이뤄 내고 그 성과를 전 세계에 소개하는 것이다. 지나친 이상주의라 탓할지 몰라도, 나는 통일 한국이 성공하려면 이런 역사적인 관점이 꼭 필요하다는 점을 강조하고 싶다.

우리에게 필요한 것은
습관적 정치다

세월호 사건을 계기로 한국 정치 시스템의 대대적인 변화를 요구하는 목소리가 커졌다. 그러나 한국 사회의 구조적 문제를 정부 조직 개편으로 해결하려는 태도는 현실과 동떨어져 보인다. 이미 국민의 상당수는 그런 개편 움직임에 속임수가 있다고 의심한다. 실제로는 그렇지 않은데 마치 변화가 일어나고 있는 것처럼 국민을 안심시키려는 의도가 아닐까 생각한다.

사건 이후 정부의 신속한 전방위 조치는 일시적 만족을 가져다줄지 모른다. 그러나 분명한 사실은 장관 교체나 조직 개편, 세월호 사건과 직접 관련된 책임자 몇 명을 처벌한다고 해서 앞으로 그런 사건이 다시 일어나지 않으리란 보장이 없다는 점이다.

한국이 겪는 문제는 정책의 문제가 아니라 문화의 문제다. 탐욕스러운 기업과 자신의 잇속만 챙기려는 정부 관리 간의 불투명한 거래

관행은 한국 사회 전반에 걸친 부패 문화의 한 단면일 뿐이다. 그 결과 아이들의 안전이 위협받고 정부에 대한 불신은 심화되었다.

뿌리 깊은 부패 문제는 특정 정책이나 정치인이 해결하기 어렵다. 우리 모두가 책임져야 할 문제이기 때문이다. 지도자란 단지 몇 년간 국민을 대신해 문제를 해결해 주는 사람이 아니다. 기대에 어긋날 경우 쫓아내면 그만인 사람도 아니다. 지도자란 국민의 지지를 바탕으로 국민의 이상을 실현하는 이들이다. 지도자가 우리를 도울 수는 있겠지만, 문제 해결의 주체는 변함없이 우리 자신이어야 한다. 지도자에게 기적을 바라고, 표만 던져 주면 변화를 가져다주리라는 환상에서 벗어나야 한다. 번지르르한 법안이 세상을 바꾸리라는 환상도 떨쳐 내야 한다.

우리에게 필요한 것은 '습관적 정치'다. 문화는 정책을 통해 바뀌기보다 각 개인이 습관을 바꿈으로써 서서히 변화한다. 일단 위기를 넘기고 법안만 통과시키면 된다는 단기적 사고에 머물기보다, 사회 문제가 각 개인의 일상적 행위에서 비롯한다는 사실을 직시해야 한다.

우리의 행동이 보다 더 투명해지고, 각자 속한 집단에서 자신의 책임을 다할 때에만 사회 전반에 정책적 차원을 능가하는 변화가 일어난다. 그렇게 되면 이기적인 집단도 태도를 바꿀 수밖에 없다. 사람들의 태도가 건전해지면 정부도 예전의 활력을 되찾고 잘못된 시스템도 제자리를 찾게 될 것이다.

요즘 한국의 정치인들은 일관성 없는 공약을 남발한다. TV에 출연할 때는 선량한 군자인 척하지만 뒤로는 최고급 승용차를 타고 돈 많고 힘 있는 자들을 만나러 다닌다. 정치인들은 학부모들에게 교육 개혁이 필요하다고 열을 올리지만 정작 몇 시간 뒤엔 엘리트 집단을 만나 부동산 투기와 자녀의 해외 유학 문제를 이야기한다.

정치를 바로잡는 일은 올곧은 정치인들이 나타날 때만 가능하다. 대중교통을 고집하고, 자신과 가족에게 이득이 되는 거래를 거부하고, 대중 연설을 할 때나 CEO를 만날 때나 일관되게 서민을 위한 이야기를 하는 정치인이 나타날 때만 진정한 변화가 시작된다.

나는 가끔 서울에서 열리는 환경 기술 세미나에 참석한다. 세미나는 대부분 고급 호텔에서 열리는데 춥게 느껴질 정도로 냉방이 가동된다. 참석자 대부분은 기사가 운전하는 고급 승용차를 타고 온다. 만찬 때는 다 먹을 수 없을 정도로 푸짐한 음식들이 나오고, 그중 절반 이상이 음식물 쓰레기로 버려진다. 이처럼 환경을 사랑한다는 이들조차 자기도 모르는 사이 습관적으로 환경을 해치는 모순을 범한다.

사실 습관적 정치는 생소한 개념이 아니라 한국의 오랜 전통이다. 조선이 500년을 지속한 것은 이런 형태의 정치를 포용한 놀라운 문화가 있었기 때문이다. 《중용中庸》에는 '군자란 홀로 있을 때도 조심스럽게 행동한다(君子愼其獨也)'란 구절이 있다. 즉, 건전한 정치의 시작은 사회 전체를 위해 과연 무엇이 옳은가를 끝없이 고민하는 데서 시작된다. 최고의 지도자란 이처럼 올바른 습관을 체화해 심지어 홀로 있을 때도 유혹에 흔들리지 않는 자를 가리킨다.

요란한 정책적 변화보다 일상에서의 습관을 바꾸면 사회를 바꿀 수 있다. 20세기 최고의 지도자로 꼽히는 인도의 마하트마 간디는 이렇게 말했다.

"세상의 변화를 원한다면 자신부터 바꿔야 한다."

　그의 비폭력 저항운동, 스스로 물레를 돌리고 손수 옷감을 짜는 카디 운동, 인도인들의 국산품 애용 운동인 스와데시 운동도 습관에서 출발했다. 보다 평등한 사회를 원한다면 주변 사람들부터 먼저 평등하게 대해야 할 것이다. 마찬가지로 투명한 정부를 원한다면 우리의 일상생활부터 투명해져야 한다. 정치에 있어 신념이 중요하다고 하지만, 습관도 그에 못지않게 중요하다. 세상을 바꾸고 문화를 바꾸는 일은 매일매일 습관적으로 '작은 혁신'을 이어 가야만 성공할 수 있다.

국민이 갈망하는
'강한 정부'란?

오늘날 우리는 많은 기관들이 해체되고 재편되는 변화의 시대를 살고 있으며 국제 관계의 본질 역시 진화하는 것을 목격하고 있다. 지난 50년간 한국은 비교적 안정기를 보냈다. 특히 제조업 중심의 경제 개발 국면에서 나아가, 과학 기술의 발전을 바탕으로 국가 성장을 이끌어 내는 단계에 안착해 큰 자신감을 갖게 됐다.

하지만 이제 그러한 시대도 지났다. 전 세계적으로 정치적 혼란이 끊이지 않고, 인간 능력의 한계를 초월하며 예측 불가능한 갈등이 증가하는 추세이다. 이에 따라 당면한 과제들도 늘어 가고 있다.

국제 관계와 관련된 과제는 영국 경제학자 프랜시스 케언크로스가 가정한 이른바 '거리의 소멸'에서 찾아볼 수 있다. 그는 저서 《거리의 소멸, 디지털 혁명(The death of distance)》에서 다음과 같이 말했다.

"신기술의 출현으로 더 이상 장거리는 통신과 상품 운송의 장벽이 아니다. 또한 3D 프린터의 등장으로 가까운 미래에는 인터넷 물품 전송도 가능할 것이다. 물론 일부 의사결정은 서울이나 워싱턴 D.C. 같은 특정 지역에 집중되어 있는 조직에 의해 이뤄지겠지만, 이 과정에 영향을 미치는 복잡한 네트워크가 세계 곳곳에 점점 생겨나고 있으며, 장거리는 의사결정 과정에 별다른 영향을 미치지 않고 있다."

우리가 직면한 또 다른 과제는 전 세계의 이념적, 제도적 부패와 관련 있다. 정부와 기업을 연결하는 사회계약은 사회 구성원들이 각각 공동체의 일부로서 공통의 이익을 위해 일하고 자신의 의무에 책임감을 갖도록 해왔다. 그러나 이제 그 효력은 약해졌고 관련 기관의 기능은 모호해졌다. 사회 윤리와 장기적 계획은 힘을 잃고 점차 개인의 이익이 정부와 기업 간 네트워크의 최대 목적이 되어 가고 있다. 특히 정부의 경우, 공공의 이익보다는 특정 집단의 이익에 봉사하는 행태가 자주 발견된다.

기후변화라는 거대한 과제도 무시할 수 없다. 기후변화의 문제는 이제 사소하고, 불편한 수준이 아니라 생존 투쟁으로 가는 결전의 시기에 접어들었다. 이러한 위기에 대응하기 위해서는 기존의 가치를 재구성해 기술의 방향을 전환하고, 정부의 목적과 경제의 본질에 대한 생각을 재고해야 한다.

마지막으로, 윤리적 콘텐츠의 부재다. 문화적 붐을 일으킨 한류로 인해 세계 곳곳의 젊은이들은 한국 음악과 영화의 매력에 빠졌다. 한국은 성취감에 빠져 미국인들이 '강남스타일'을 좋아한다고 기뻐했다. 하지만 대중문화를 통한 영향력은 윤리적인 콘텐츠가 결여돼 있을 경우 한계가 드러날 수밖에 없다. 한국의 드라마를 보면 가족 사랑에 대한 내용은 많이 다루지만, 사회적 책임감을 드러내는 윤리적 내용은 거의 없다.

진정한 과제는 어쩌면 앞서 밝힌 과제들을 어떻게 해결하느냐의 문제일 것이다. 세계의 긍정적인 발전 방향, 기후변화나 기술 진화에 적응하는 문제 등 거대 이슈에 어떻게 대응해야 할지 한국이 자신만의 비전을 개발해야 한다.

이제부터는 세계 공통의 목표를 고려하고, 혼란 속에서도 실현 가능한 고무적인 비전을 세워 세계에 알려야 한다. 세계를 위한 한국의 비전, 이 시대의 '코리안드림'은 한국 외교관들이 가져야 할 새로운 개념이다. 이는 한국 외교의 급격한 변화를 의미한다.

외교의 진정한 변화는 소규모 집단에서 시작될 수 있다. 우선 현대에 들어 도외시해 온 유교의 뿌리로 돌아갈 필요가 있다. 유교 정신에는 행정, 교육, 윤리 세 가지 요소가 반드시 수반된다.

17~18세기 혹은 더 이전에는 학자들이 윤리적 활동의 일환으로 배움에 전념했다. 공무원들은 탁상공론에만 머물지 않고 정책 수립에 직접 참여했다. 그들은 정책 수립을 지금처럼 컨설팅 기업이나 싱크탱크에 맡기지 않았다. 스스로 정책을 직접 실행할 자신감을 갖추고 있었다. 이는 대단한 전통이라고 할 수 있다.

우리에게는 최치원과 같은 훌륭한 외교관이 있었다. 그는 신라와 당나라와의 관계에 큰 역할을 했고 당나라의 관료 정치 속에서 우수한 문화를 발전시켰다. 이 밖에도 혁신적인 외교 방식의 예를 고구려, 고려, 조선 시대에서 많이 찾을 수 있다. 특히 송나라 시대의 복잡한 지정학적 변화기, 몽골 침략기, 명·청 교체기 등 다사다난했던 시기에 외교적 영웅들이 어떤 대응을 했는지 살펴보면 외교의 새로운 해답을 얻을 수 있을 것이다.

또한 과거 한국에는 '과거科擧 시험'이라는 훌륭한 관리 등용 제도가 있었다. 과거를 통해 지식인들은 정부 기관에 등용될 기회를 얻었고 국민들에게 공적 서비스를 제공할 수 있었으며, 도덕을 구현하고 교육의 목적도 분명히 세울 수 있었다. 하지만 현재는 교육의 목적도 모호하고, 사회구성원들이 하는 일이 사회와 어떻게 연결돼 있는지조차 불확실하다. 정치 문화는 부패하고 정치인들은 돈과 권위를 좇고 있다. 이를 벗어나는 최선의 방법은 강력한 공무원 제도를 부활하는 것이다. 이것이 모든 문제를 해결하지는 못하겠지만 국가라는 선박에 필요한 나침반 역할은 할 수 있을 것이다.

미래에는 특정 지역의 전문가, 예컨대 중국이나 인도와 같은 국가의 특정 지역을 담당할 새로운 외교관 세대가 필요하다. 싱크탱크나 컨설팅 기업에 정책과 전략을 위탁하지 않고 내부적으로 경쟁력을 키울 외교 전문가를 확보해야 한다.

공무원은 단지 안정적인 직업으로서만 가치 있는 게 아니다. 공무원은 공익을 위해 헌신하는 지성인일 수 있다. 이는 쉽지 않은 일이나 공무원이 오를 수 있는 최고의 경지이며, 이 같은 공무원은 최고의 존경을 받을 수 있다.

강한 정부란 원하는 바를 밀어붙이며 국민을 억압하는 정부를 의미하지 않는다. 강한 정부는 윤리 원칙에 확고한 기반을 두고 기업·재벌·다국적 이익 집단에 의한 권력 남용을 제한하며, 장기적 국가 계획을 수립해 그 계획의 실현을 위해 다수와 협력할 수 있는 정부를 뜻한다. 강한 정부는 개개인의 단기적 목표를 넘어 국가 공동의 목표를 지향할 수 있어야 한다. 세종대왕과 같은 리더는 이미 이러한 정부의 선례를 남겼다. 사회를 위해 최선을 다하고 정부 서비스를 통해 자신의 뜻을 펼치려는 지성인이 없이는 '강한 정부'를 기대할 수 없다.

공자의 '군자불기君子不器'에는 여러 가지 의미가 있다. 첫 번째 해석은 지성인은 어떤 분야에도 치우치지 않아야 하고, 윤리와 문화적 이슈에 관심을 둬야 하며, 단순히 기술적 문제만을 해결하는 기술적 전문가가 되지 말아야 한다는 것이다.

또 다른 의미는 '지성인은 도구가 아니다'라는 것이다. 즉, 정부를 위해 일하는 지성인은 원칙과 윗선의 지시를 따라야 하지만, 권력을 가진 이해 관계자가 사용하는 도구가 아니다. 그것은 각자의 윤리적 입장을 갖고, 좋은 정책은 지지하고 비윤리적 활동에는 반대해야 함을 의미한다.

중요한 것은 우리가 일상의 작은 행동들을 어떻게 행해야 새로운 문화를 만들고, 사회를 변화시키며, 나아가 세상을 바꿀 수 있는가

하는 것이다. 이러한 변화는 돈이나 권력이 결코 할 수 없던 방식으로 이뤄져야 한다. 수세기에 걸쳐 한국과 중국의 위대한 유교학자들이 고민했던 이 문제의 해답은 바로 진정한 윤리적 콘텐츠를 갖춘 예술과 문학을 위한 문화, 습관, 헌신에 있다. 위대한 유교학자들은 이러한 방식으로 문화를 창조해 냈고, 그 문화를 통해 장기적으로 긍정적 변화를 이끌어 낼 수 있었다. 역사적으로 수많은 권력자들이 이기심으로 끔찍한 일들을 자행하며 권력을 남용하고 통제권을 장악했으나, 윤리적 학자들의 영향으로 책임감 있는 사회 구성원으로 복귀할 수 있었다.

우리가 한국의 훌륭한 거버넌스 전통, 즉 조선 시대 지식인들이 국민을 어떻게 대할지 고민했던 행정 사례 등을 되살려 재해석한 후 현 상황에 맞게 적용할 수 있다면, 국민들은 단순히 지시만 따르지 않을 것이며 감정적으로 고무되어 스스로 행동할 수 있을 것이다. 우리는 한국의 문화를 스스로 변화시켜야 한다. 미국에 의존할 것이 아니라 한국인 스스로 한국을 어떻게 잘 운영할지 고민하고, 윤리적이며 창조적인 태도를 도출해 내야 한다. 모두가 스티브 잡스를 흉내 내선 곤란하다.

이처럼 국민이 정부를 변화시키는 사례는 전 세계적으로 늘어날 것이다. 정치 신념과 윤리적 의지가 있는 이들이 세계 곳곳에 나타나 새로운 형태의 외교를 구축하기 위해 우리와 함께할 것이다. 새로운 형태의 외교는 지적 참여와 윤리에 초점을 맞출 것이며, 얄팍한 의례뿐인 현시대 외교의 낡은 틀을 깰 것이다.

맹자는 "부귀불능음, 빈천불능이, 위무불능굴(富貴不能淫, 貧賤不能移, 威武不能屈)"이라고 했다. 부귀도 그 마음을 어지럽힐 수 없고, 가난이 지조를 변하게 하지 않으며, 위협과 무력에도 굴하지 않는다는 뜻이다.

나는 맹자가 어떤 경우에도 절대 타협해선 안 된다고 말한 것은 아니라고 생각한다. 반드시 타협을 해야만 하는 순간이 있다. 때로는 부와 권력에 고개를 숙여야 할 수도 있다. 요점은, 우리 모두가 옳은 일을 위해 나설 수 있는 기준을 정해야 한다는 것이다.

과학은 교육과,
기술은 산업과 짝을 이룬다

나는 2008~2010년 대덕연구단지에 있는 정부 출연 연구소에서 일했다. 매일같이 그곳의 연구자들과 한국 과학기술의 미래에 대해 열띤 대화를 나눴다. 당시 연구자들은 2008년 교육과학기술부의 출범으로 과학기술부가 사라졌다는 사실을 애석하게 여겼다. 그들은 과학기술부라는 독립 부서가 장기적인 연구 지원을 통해 한국의 고속 산업화에 기여했다고 평가했다.

하지만 나는 생각이 다르다. 과학기술부를 다시 설립할 게 아니라 '과학'과 '기술'을 분리해 '교육과학부'와 '산업기술부'를 만드는 게 한국의 과학기술 발전에 더 도움이 될 것이라고 본다.

과학은 교육과 융합하는 것이 적절하다. 과학과 교육은 둘 다 논리와 상상력을 동원해 진리를 체계적으로 추구한다. 두 분야가 결합한다면 한국 교육의 질은 크게 향상될 것이다. 많은 정부 관리와 학교 행정가들은 교육을 '윤리적인 배움과 진리의 추구'라기보다 '용역' 혹은 '효용'으로 간주한다. 그 결과 교육은 '사실 전달'에 불과한 것으로 그 의미가 축소됐으며, 사실이 지닌 의미 자체는 관심에서 멀어졌다. 과학이 교육과 통합된다면, 교육은 단편적 사실들만 암기하고 있는 현재의 한계를 넘어서게 될 것이다. 또한 배움에서 진리 추구가 차지하는 위상도 달라질 것이다.

반면 기술은 '과학적인 원칙을 실생활에 창의적으로 적용하는 것'이기 때문에 산업과 좋은 짝을 이룬다. 불행히도 많은 한국인은 산업을 금융의 연장으로 여기는 게으르고 위험한 습관에 빠져 있다. 이 때문에 기술은 투자자들의 이윤 창출 수단으로 전락했다. 그러한 편협한 시각으로 인해 산업은 '사회문제 해결을 위한 기술의 적용'이라는 본래 모습으로부터 멀어졌다.

가령 친환경 에너지인 풍력 발전 분야가 그렇다. 풍력 발전으로 친환경 전력 에너지를 생산해 무료로 제공할 수 있다면, 석유 의존을 줄여 무역 적자뿐 아니라 미래 기후문제에 소요될 비용도 줄일 수 있다. 그 밖에도 풍력 발전의 이득으로 꼽을 수 있는 것은 수없이 많은데, 한국에서는 돈이 안 된다며 풍력 발전에 투자하지 않는다.

우리의 산업은 과도한 소비를 조장해 돈을 번 뒤 엉뚱한 곳에 쓰는 구조로 가고 있다. 이러한 경향은 지역 경제 활성화에 유용한 이웃 간 물물교환을 배제할 뿐 아니라 새로운 가치를 창조할 수 있는 가능성도 막고 있다.

기술이 급속도로 발전하는 시대에 과학과 기술을 혼동하는 것은 위험하다. 기술은 우리를 자칫 잘못된 길로 이끌 수 있는 '가상현실'을 만들어 내기 때문이다. 무조건 부정적인 면을 부각하려는 것이 아니라, 규제가 없으면 위험하다는 뜻이다. TV나 비디오게임에 등장하는 울창한 나무나 깨끗한 물을 보고 사람들은 환경이 건강하다고 느낄 수 있다. 하지만 현실엔 사막화와 공기 오염이라는 문제가 도사리고 있다. 이처럼 비디오게임과 같은 기술은 사람들을 현실의 본질로부터 이탈시킨다. 또 관심을 현실 바깥으로 돌려 실제로 닥쳐온 외부의 도전을 체계적으로 방어하고 생각할 수 없게 만든다. 이러한 기술의 오용이 한국 사회의 경쟁력에 미치는 부정적인 영향을 따져 보면, 비디오게임으로 얻게 되는 이윤은 결코 중요한 게 아니다. 그러나 불행히도 점점 더 많은 한국인이 컴퓨터 게임에 인생을 낭비하고 있다.

과학의 기초인 진리 추구는 가상현실이 아닌 일상생활의 중심에 자리 잡아야 한다. 그래야 장기적인 발전에 필요한 결정을 내릴 수 있다. 과학과 기술을 혼동한다면, 우리는 기술이 삶에 미치는 부정적인 영향을 제대로 평가할 수 없다. 또한 기술의 사용을 통제하기 위한 전략을 찾아낼 수도 없게 된다.

기술이 긍정적으로 사용되도록 적극적으로 관리하고 규제해야 한다. 예컨대 학생들의 컴퓨터 사용에 있어 학습을 위한 이용 시간을 지정하거나, 학생들의 각종 전자 기기 사용을 어떻게 규제하고 관리할 것인지 등에 대해 생각하는 것이다. 또한 단순히 규제만 할 것이 아니라 컴퓨터 외에 다른 방법으로도 세상에 대해 깊이 사유하고 문제 해결 능력을 갖출 수 있도록 다양한 활동 및 놀이를 만들어야 한다. '컴퓨터 사용'과 '사용하지 않음'이라는 두 가지 체험 사이를 오가는 것이 훌륭한 교육 효과를 낳을 것이다. 물론 이러한 목표는 기술의 사용을 통해서가 아니라 오로지 과학, 특히 '기술의 과학(A Science of Technology)'을 통해서만 달성할 수 있을 것이다.

한국은 거대한 발전 가능성을 갖고 있다. 잠재력을 구현하려면 기술의 가능성을 과학적으로 평가해야 한다. 기술 발전의 원동력을 시장의 수요에서만 찾는 것은 무책임하다. 이것은 지금 세대가 만드는 세상에서 살아야 할 미래 세대를 배신하는 일이다.

기술이 사회에 미치는 영향력을 과학적으로 평가하고, 사회에 긍정적 영향을 줄 수 있는 기술 사용법을 선택하는 것은 윤리적인 의무다. 13세기 한국의 모습을 증강현실 등 사이버공간으로 재창조해 학생들에게 보여 준다면 교육적 측면에서 긍정적 기능을 할 수 있다. 반면 매우 사실적인 사이버공간을 구현하는 기술이 유흥 산업과 결합한다면 수많은 중독자를 양산할 수도 있을 것이다.

기술의 부정적인 영향을 면밀히 파악하지 못한다면 충동적이며 비전 없는 한국이 될 것이다. '시민'이 아닌 '소비자'가 다스리는 나라의 미래는 그야말로 암울뿐이다.

한국적 저널리즘을
새롭게 수립하자

한국 언론이 미국 트럼프 대통령의 승리를 예측하지 못한 것은 참혹한 정보 실패로 기억될 것이다. 위풍당당했던 언론의 전당은 한없이 초라해졌다. 미국 언론 역시 승리자 예측에 실패하지 않았느냐며 위안하지 않았으면 한다. 미국의 부실한 저널리즘은 미국의 문제다.

　미국의 주요 신문들은 줄곧 클린턴의 승리를 전망했다. 심지어 여론조사 결과를 발표할 때, '클린턴에 투표할 의향이 있는 사람들의 비율'이 아니라 '클린턴이 승리할 확률은 92%'라는 식의 표현을 사용했다. 클린턴의 승리 시나리오가 보다 신빙성 있게 보이도록 한 것이었다. 눈 밝은 미국인들은 주요 매체들의 편향성을 인지하고 있었다. 일부 기자들은 기사 작성 전 클린턴 캠프와 모종의 조율을 했으며 언론사들은 클린턴 캠프에 기부를 했다. 그럼에도 수개월 동안 클린턴에게 불리한 뉴스가 쏟아지자 많은 유권자들이 그에 대한 신뢰를 접었다.

한국 매체는 이러한 미국 주요 매체의 잘못된 1면 머릿기사 제목을 그대로 답습했다. 이에 독자들이 미국 대선은 이미 결판났다고 생각했다.

한국의 교육 수준은 세계 최상급이다. 상당수 한국 기자들은 영어 구사력이 매우 뛰어나다. 하지만 한국 매체의 관행 탓에, 이번 대선이 박빙이 될 수도 있다고 내다본 미국의 여러 저널, 블로그, 기사 등 깊이 있는 문헌을 살펴본 기자는 거의 없었다. 한국 특파원들이 실제로 미국 노동자들과 이야기를 나눠 봤다면, 소수자 집단이 클린턴에게 냉담했으며 많은 백인이 트럼프에게 열광하고 있다는 현상 정도는 발견했을 것이다. 하지만 한국의 특파원들은 그럴싸한 워싱턴의 싱크탱크 행사에는 참석하지만 미국의 보통 사람들을 만나는 일은 거의 없다.

한국의 기자들은 스마트폰이나 컨테이너 선박 제조업 종사자들과 달리 세계 최고를 목표로 하지 않는다. 물론 그들도 열심히 일한다. 하지만 한국의 신문들은 외신이 제공하는 뉴스를 신속하게 소화하고 요약하는 데 주력할 뿐, 고유한 시각으로 뉴스를 분석하고 편집해 국내외 독자들에게 기사를 제공하는 데는 큰 관심이 없는 듯하다.

이것은 매우 부끄러운 일이다. 한국은 세계 저널리즘을 주도하는 데 필요한 모든 자산을 갖고 있다. 한국인 중에는 영어, 중국어, 일본어를 원어민 수준으로 구사하는 이들이 아주 많다. 다양한 분야에 놀랍도록 많은 박사 학위 소지자들이 있다. 한국은 보도를 왜곡하는 제국주의의 과거를 갖고 있지 않기 때문에, 외국 콘텐츠의 단순 복제가 아닌 한국 자체의 문화에 뿌리를 둔 새로운 저널리즘 전통을 수립하는 데 아주 유리하다.

한국의 새로운 저널리즘 수립을 위해서는 기자들이 일정 부분 격식과 관습을 포기해야 한다. 특파원들은 외국의 권력자와 친분을 쌓기 위해 파견된 게 아니다. 반대로 특파원들은 현상의 본질을 파고들기 위해 외국의 정치인, 관료, 변호사들을 거칠고 집요한 질문으로 다뤄야 한다.

기자들은 또한 대중을 오도하기 위해 교활하게 작성된 권위 있는 어조의 기사들에 매혹되지 않아야 한다. 저널리스트는 다양한 출처의 글을 읽은 후 자신의 상상력으로 새로운 관점의 글을 써내는 사람이다. 훌륭한 저널리스트가 되기 위해서는 우선 정치판에서 벌어지고 있는 일을 설명하는 대여섯 개의 시나리오를 상상할 수 있어야 한다. 그런 다음, 마치 셜록 홈스처럼 신중하게 사실을 검토해 불가능한 시나리오들을 하나하나 제거해 나가야 한다. 이런 과정을 거쳐야만 진실에 다가갈 수 있다. 자신만의 상상력으로 가설을 세우지 않으면 이해 관계자가 제시하는 시나리오에 스스로를 구속하기 쉽다.

또한 신문은 진리 추구를 이상으로 삼아야 한다. 그리고 일반 독자들이 정보를 기반으로 결정을 내리는 데 필요한 실용적 정보를 제공하는 것을 목표로 해야 한다. 민주주의 체제에서 정보를 기반으로 한 결정을 내릴 수 있는, 교양 있는 대중을 기대하려면 언론의 역할이 매우 중요하다. 기자들의 의무는 독자들이 복합적인 문제에 접근할 수 있도록, 정보를 창의적으로 제공하는 일이다. 국가 발전에 있어, 국가와 역사에 대한 사명감을 지니며 어느 정도 정치, 사회 특히 행정에 관심을 가진 시민의 존재는 과학기술이나 자본보다 훨씬 더 중요하다. 언론은 기업의 이익보다 이런 시민 교육을 목적으로 운영돼야 한다.

최근 몇 년간 한국의 언론 시장은 질 낮은 기사가 쏟아져 나오는 레드오션이 돼 버렸다. 이 안개 같은 상황을 빨리 탈피해야만 글로벌 리더로서 세계에 기여할 수 있다.

언론은 어떤 사건이 발생하면, 먼저 역사적인 맥락을 짚어 사건의 복합적 해결 방법에 대한 진지한 토론이 이뤄질 수 있도록 해야 한다. 과거 5년 전 혹은 100년 전에 어떤 비슷한 일이 있었는지 역사적 맥락을 제시해야 한다. 피상적 상황보다 실질적 내용에 주목할 수 있는 문화는 우리 스스로 만들 수 있다. 절대 현재 상황만을 조건으로 삼아서는 안 된다. 처음에 독자들은 어떤 사안에 대해 역사적 맥락을 짚어주고 장기적 해결책을 제시하는 복잡하고 어려운 기사를 꺼릴 수도 있다. 하지만 시간이 흐르면 그러한 글쓰기는 대중을 소비자가 아니라 참여적 시민으로 변화시켜 그들을 책임성 있는 정치로 인도할 수 있을 것이다.

앞으로 한국은 심대한 도전에 직면하게 될 것이다. 우리는 한국이라는 나라의 구성원으로서 힘을 합치고 나아가 정보에 기반한 현명한 결정을 내려야 한다. 현재 한국은 매우 높은 수준의 저널리즘과 기자들의 헌신이 필요하다.

언론의 모범을 반드시 해외에서 찾을 필요는 없다. 지금 한국 언론은 분명 새로운 모범적 모델을 필요로 하지만 CNN, 뉴욕타임스 등 해외 매체가 한국 매체보다 반드시 더 건강하다고 볼 수는 없기 때문이다. 오히려 해외 매체는 한국보다 더 심한 '가짜 뉴스'를 많이 제공하고 있다. 해외에 좋은 사례가 많은 것도 사실이지만, 인기와 지명도만이 중요한 것은 아니다.

언론 개혁에 있어 역사를 빼놓아선 안 된다. 50여 년 전에 발간된 옛 신문을 다시 보는 것도 도움이 될 수 있다. 한국의 위대한 사학 전통을 재검토해 봐도 좋다. 《조선왕조실록》을 비롯한 좋은 역사서를 검토하고 관련 자료를 분석해 객관적인 기술 방법을 배울 수 있다. 한국의 사학 전통을 인정하고 계승하면 한국적 언론이 탄생할 것이다.

100년을 내다보는
지방자치제, 그리고 도시계획

2007년 한국에 왔을 때, 나는 지방자치단체의 제도 개혁 능력에 깊은 감명을 받았다. 당시 나는 충청남도 도지사의 보좌관으로 일하며 도청 소재지를 대전에서 홍성으로 이전하는 준비 과정에 참여했다. 한국에선 도시 인구가 100만 명에 이르면 시가 광역시로 승격된다. 대전이 광역시가 되면서 충남도청 소재지를 홍성으로 이전하게 됐던 것이다.

이것은 매우 과학적이고 실용적인 정책으로 미국에선 거의 불가능한 혁신이다. 미국의 뉴욕이나 LA 같은 대도시는 다른 주들보다 훨씬 더 많은 인구를 갖고 있지만 그에 걸맞은 지위를 확보하지 못했다. 지난 반세기 동안 새로운 주를 만들어야 한다는 요구도 많았으나 실행은 쉽지 않았다. 푸에르토리코 같은 자치령을 주로 승격시키는 문제도 워낙 오래 끌어 이젠 아예 독립시키자는 논의가 대두된다.

한국의 도청 소재지 이전 정책에서 나는 놀랍고도 신속한 혁신을 발견할 수 있었다. 그러나 다른 한편으로는 약점도 발견했다. 지방정부의 도시 설계 과정에서 나타나는 근시안적 태도와 확고한 제도적 틀의 결여를 들 수 있다. 공무원들은 해당 도시가 과거에 어떤 훌륭한 운영 선례를 갖고 있었는지 알지 못했다. '신속한 혁신'에도 충분한 사전 숙고의 시간이 필요한 법이다. 그러나 이들에게 주어진 시간은 충분치 않았다. 온갖 양식의 서류를 채우기에도 시간이 모자랐다.

물론 내가 충청남도, 대전시, 서울시에서 함께 일한 공무원들은 교육 수준도 높고 사려 깊은 이들이었다. 그러나 많은 장점을 지녔음에도, 그들은 1년만 지나면 다른 부서로 발령이 나는 순환 근무제의 틀에 갇혀 있었다. 공무원들이 뛰어난 지적 능력과 굳은 의지를 가지고 있음에도 한 분야에서 전문성을 구축하기 어려운 이유다. 이들에게 따로 시간을 내 업무와 관련된 서적을 읽어 보라고 하는 건 아마 사치스러운 주문일 것이다.

게다가 각 지방정부를 평가하는 기준도 장기적이고 체계적이기보다 단기간에 구체적 결과물을 내는 데 초점이 맞춰져 있다. 정부의 업적은 오랜 시간이 흐른 뒤에야 제대로 된 평가가 가능하며, 역사적 안목을 갖춘 전문가와 시민들의 피드백도 필요하다. 예를 들어 서울시는 시정에 시민들의 목소리를 반영하기 위해 '위키 서울' 등 다양한 혁신 방법을 시도하며, 서울의 녹색 공간을 늘리기 위한 캠페인에 나섰다. 그러나 도시에 녹색 공간을 늘리는 것은 단기간에 이뤄지기 힘든 일이다. 공무원들에게 장기적으로 목표를 추구할 시간과 동기

부여를 주지 않는다면 이 사업 역시 공염불에 그칠 것이다.

한국의 지방정부는 단기적 시각에서 장기적 관점으로의 패러다임 전환이 절실하다. 정책 관련 아이디어가 아무리 신선하고 훌륭해도 정권 교체로 인해 지속적으로 실행되기 어렵다면 유명무실해질 수밖에 없다.

장기적인 계획을 갖는다면 공무원들은 전문성을 쌓을 수 있다. 또 새로운 분야의 전문가들을 미리 양성할 수도 있다. 아무리 높은 급여를 제시하더라도, 하루아침에 바로 임무에 충실할 수 있는 전문가를 구하기는 힘들다. 하지만 사전에 계획만 잘 세운다면 전문성을 지닌 공무원들로 완벽한 팀을 만들 수 있다.

이 문제 해결에 도움이 될 행정적 지혜를 조선 왕조의 통치 방식에서 찾으면 어떨까. 정도전이 《조선경국대전》에서 구축한 조선의 통치 이념은 그 후 500년을 지탱했다. 예컨대 서울시도 최소 100년을 내다보고 개발, 유지, 관리 면에서 장기적 계획을 세울 필요가 있다. 도시계획안만으로 40년 후의 세부적인 청사진까지 세우긴 어렵다. 그러나 장기적 안목으로 접근한다면 서울의 인프라 시설 상태와 서울시가 필요로 하는 것들을 상당 부분 예측할 수 있다. 사실 혁신은 한 발짝 물러서 장기적 시각으로 도시 공간을 바라볼 때만 실현할 수 있는 것이다.

100년을 내다보고 도시계획을 수립한다면 잘못 지은 건물과 도로가 지불해야 할 숨은 비용도 고스란히 드러나게 될 것이다. 그래서 100년이 지나도 끄떡없는 양질의 자재를 사용해 시공을 해야 하는 이유다. 당장은 시간이 걸려도 제대로 구축한 하수도 시설과 보도가 더 경제적인 결과를 가져올 것이다. 그렇게 되면 최소 20년은 버틸 가로등과 100년은 거뜬한 주택을 지을 수 있다.

장기적 도시계획이 수립되면 단기적 이득을 노린 정치인들의 포퓰리즘적 행태도 점차 사라질 것이다.

아울러 장기적 계획에는 장기적 재정 정책이 뒤따라야 한다. 20~30년간 지속될 프로젝트를 위해서는 장기적 금융 조달 방식을 마땅히 개발해 놔야 한다. 게다가 이 같은 재정 조달 계획은 경제에 지속적 활력을 불어넣고 단기 이익을 노린 투기도 크게 줄일 수 있다.

조선의 통치 시스템은 장기적 계획에 확고한 바탕을 뒀다. 그 지혜를 오늘날의 서울과 지방정부에 끌어온다면 한국은 전 세계 행정의 선두주자로 우뚝 서게 될 것이다.

서울,
Soul of Korea

한국의 통치는 지난 수년간 큰 위기를 겪었다. 정부는 책임감 없는 관료와 기업의 주주들에 의해 운영되었으며, 그들은 미디어를 매개로 정보를 전달하고 시민들로 하여금 정책에 의문을 제기하도록 하기보다 그들의 주의를 분산시키고 말초적 즐거움만 제공했다. 말 그대로, 전 정권하에서 시민들이 정책을 논의할 수 있는 공간은 사라져 버렸으며 많은 시민들은 쉽게 자신의 참정권을 포기했다.

이런 상황에서 싱크탱크는 양날의 칼이라 할 수 있다. 형태로만 보면 시민들에게 정책을 논의할 공론의 장을 열어 주는 싱크탱크들이 분명 있다. 환경운동연합이나 참여연대가 그 대표적인 사례일 것이다. 그렇지만 가장 진보적인 싱크탱크 집단조차도 때때로 영향력 있는 몇몇 인사들에 좌우되거나, 집단 외 사람들에게는 그다지 환영받지 못한다. 또한 국제적 연대를 이루려 하지도 않는다. 진보적 싱크탱크들은 전 세계에 손을 맞잡을 수 있는 집단을 두고도 중국어나 일본어는 고사하고 영어로도 세미나를 하거나 연구 보고서 같은 것을 내지 않는다.

이와 달리, 정책 입안권을 지닌 이들에게 필요한 수많은 관련 책자를 발간하고 오피니언 리더들을 초청해 세미나를 여는 기관은 많다. 아산정책연구원 같은 곳이 대표적이다. 물론 아산정책연구원은 정책에 대한 논쟁보다는 우파 출신의 전문가들을 위한 기관이며, 이미 결정한 정치적 사안들을 친절하게 설명해 주는 곳에 가깝다. 이런 싱크탱크의 행사에 초대되는 인사들은 한정적이며, 정부 요직에 있는 고위 관료들만 참석한 모임을 통해 자신들이 가진 독점적 지위에 자부심을 갖는다.

설령 싱크탱크들이 정책에 관한 광범한 논의의 공론장을 제공한다 해도 이 공론장에서 다루는 논의들은 대부분 관련 집단에 의한 합의의 장으로 기능할 뿐이다. 문제는 이런 논의가 시민들의 의견을 폭넓게 수렴하는 것과는 거리가 멀다. 또한 싱크탱크는 소비자 문화의 확산을 널리 반영하고 숙론한다. 그런 후 '아이디어'를 재포장하거나, 때로 수용하기 어려운 아이디어도 일반인이 받아들일 수 있도록 하는 역할도 한다. 그러므로 싱크탱크는 결국 새로운 정책을 뒷받침하는 자료를 위장하는, 명백히 비민주적 기능을 행사한다.

또한 싱크탱크는 언론과 지성인의 기존 입장을 반복한다. 왜냐하면 싱크탱크는 외부 기관의 외주로 주문받은 주제에 대해, 권위 있는 고위 정부 관리 혹은 국립대학 교수들을 '활용'해 연구를 진행하기 때문이다. 기업이 원하는 정책은 이미 결정돼 있어서 아무리 토론해도 변하지 않는다. 그럼에도 사람들에게 정책 결정 과정에 자유와 선택이 있다는 느낌을 주는 기만적 '연극'을 펼쳐 보여야 한다. 어찌 보면 수익성이 높은 사업이라 할 수 있다.

어쨌든 이런 이유로 정부나 기업 등에서 근무하는 개인의 참정권은 현저하게 줄어들고, 업무 현장은 민주적 분위기에서 더욱더 멀어진다. 소위 말하는 전문가나 대기업, 정부 기관의 은퇴자들에게 뇌물처럼 주어지는 컨설팅 문화가 확산되는 것은 의뭉스러운 싱크탱크 집단이 늘어난다는 뜻이며, 실무를 보는 이들의 주체적 활동을 저해한다는 의미이기도 하다. 이는 싱크탱크 집단이 전 세계적으로 정책논의에서 대단히 중대한 공간이 되었음을 의미하며, 이러한 경향은 얼마간 바뀌지 않을 것이다.

싱크탱크에 있어서 예산보다 중요한 것은 광범한 청중을 대상으로 의견을 나누는 것이다. 사회, 경제, 외교 문제에 대한 정보를 나누고 청중의 의견을 수렴해야 한다. 전문가 및 일반 공무원, 각종 민간 NGO 대변인들, 지역별 시민집단, 여러 분야의 전문가, 일반 시민들까지 모두 자유롭게 이해관계에 관한 토론을 할 수 있다.

또한 이상주의만 이야기하는 것이 아니라 현실적 이익과 관련된 논의도 할 필요가 있다. 브루킹스 연구소(Brookings)나 헤리티지 재단(The Heritage Foundation)과 같은 워싱턴 D.C.의 싱크탱크 집단은 지난 수십 년간 정책 논의에서 대단히 중요한 역할을 해왔다. 최근 들어 이런 싱크탱크 집단의 많은 글과 기사가 한·중·일의 여러 언론 매체의 지면에 실렸다. 주로 새로운 경제 주체 형성과 관련한 새로운 싱크탱크가 생겨나야 한다는 내용들이다.

싱크탱크는 국가적 이익의 증진이라는 면에서도 매우 중요한 의미를 지닌다. 그러나 서울시에서 상당수의 싱크탱크 집단을 양성하고 국경을 넘어 세계정세에 관심을 갖기 시작한 것은 최근 들어서다. 한국개발연구원(KDI)이나 세종연구소 같은 기관은 정부와의 밀접한 관계 속에서 국가 정책의 체계적인 논의 방안을 수립하는 역할을 한다. KDI는 개발도상국의 경제성장을 위해 한국적 모델을 제시하는 업무 비중을 늘려 가고 있다.

아산정책연구원의 경우, 그들의 연구 결과는 KDI 등 많은 다른 싱크탱크들보다 편향적이다. 그들은 기업 경영의 정책 결정 과정에서 정몽준 이사장과 그의 측근들을 따르는데, 그 이유는 주요 메이저 기관이 아니면 정책에 대해 아무것도 말할 수 없다고 여기기 때문이다. 아산정책연구원은 다른 싱크탱크들이 갖지 못한 세계적 영향력을 갖고 있다. 왜냐하면 많은 자료들을 영어로 번역하고, 미국으로부터 전문가들을 초빙해 호화로운 생활 기반을 제공함으로써 사기를 진작시키고 있기 때문이다. 아산정책연구원은 서울과 워싱턴 D.C.에서 이목을 집중시킬 만한 이벤트를 벌이기 위해 미국에서 고위직 인사들을 영입하는 데 주력했으며, 실제로 그 이벤트들은 대단한 주목을 받았다. 아산정책연구원에서 개최한 행사에서 드러난 우익적인 노선은 실상 한국 노동자들에게는 달갑지 않은 것이었지만, 서울이 싱크탱크의 새로운 중심지가 될 수 있는 가능성을 보여 준 것만은 사실이다.

한 가지 더 의미 있는 일이라면 국제적인 싱크탱크 집단이 서울에 있다는 사실이다. 아시아재단 한국 지부는 수십 년간 서울에서 이따금씩 연구 보고서 같은 책자를 발간하거나 소규모 행사를 열었지만, 큰 주목을 받지는 못했다. 한국이 개발도상국에서 벗어나 선진국 반열에 들면서 한반도에 대한 아시아재단의 관심사는 북한이 되었다. 또한 아시아소사이어티 한국 지부는 서울에서 더 많은 문화 행사가 열릴 가능성을 넓혀 주었다.

관련 사안 중 가장 주목할 만한 것은 아마도 외국인들이 서울에 독립적으로 세운 싱크탱크 집단일 것이다. 그중 하나인 아시아연구원은 한·중·일 3국 사이에서 주류 싱크탱크 집단들이 간과한 기후 변화나 기술, 사회적 문제에 역점을 두고 주목할 만한 영향력을 과시해 왔다. 한국에서 출발한 이 기관은 아시아의 이슈에 초점을 맞추면서 국제적 인지도를 높여 왔다. 비슷한 예로, 몇 해 전에는 한 미국인이 서울에 아리랑연구원을 세웠다. 이 연구원은 남북통일에 관해 국적을 막론하고 한국에 거주하는 이들이 함께 의견을 나누는 공론장 형성에 역점을 뒀다. 아리랑연구원은 북한의 위협에 노골적으로 강경 대응을 주장하는 데 익숙해진 한국인들에게 미국에서 일군의 싱크탱크 집단이 제기한 사안인 북한과의 문화 교류가 더 미래지향적인 일임을 상기시키는 역할을 해왔다. 이 기관은 한국 대학생들에게 상당한 지지를 얻었고 탈북자들이 직접 북한의 정치 현안 논의에 참여하도록 한 첫 기관이기도 하다.

과연 서울은 세계적 수준의 싱크탱크를 보유한 도시로 거듭날 수 있을까? 확실히 잠재력은 있다. 아시아연구원 같은 집단은 견실한 재원을 구축했으며 서울에는 공론장에 참여할, 세계 어느 곳보다 수준 높은 청중들이 있다. 서울은 세계적 경험을 지닌 전문가들을 손쉽게 찾을 수 있는 도시이기도 하다. 한국 기업의 활발한 비즈니스 덕분이다. 가령 서울은 다른 어떤 도시보다 한국어·중국어·영어를 유창하게 구사하며, 카자흐스탄의 사회 기반 시설에 대한 지식과 에티오피아에서의 사업 경험까지 갖춘 사람을 찾기 쉬운 도시일 것이다. 게다가 젊은이들 가운데서도 한국어·중국어·영어를 유창하게 구사하며, 지적 수준이 높은 이들을 찾기 어렵지 않다. 이런 인재들은 중국 관련 정책 논의가 대두되는 상황에서 매우 좋은 토양이 될 것이다.

어쩌면 서울이 싱크탱크의 허브로 발돋움하는 데 가장 큰 장애는, 한국인들이 서울의 실제 위상을 잘 모른다는 것일지도 모른다. 한국인들은 하버드나 예일 대학에서 일어나는 일에 관심이 많으며, 일본·영국·독일·오스트레일리아에 대해서라면 의욕적으로 알려고 한다. 그러나 한국이 지닌 놀라운 사회 기반 시설이 개발도상국들에게 얼마나 좋은 모범이 되는지, 축적된 제조업의 노하우나 전자 정부 구축을 위한 역량, 세계 수준의 연구 기관과 대학 기관이 어떤 평가를 받는지는 정확히 알지 못하는 것 같다. 교육을 받은 많은 한국인은 자신의 나라가 선진국의 높은 사회 기준에 한참 미치지 못한다고 생각하면서, 서울이라는 지역을 기반으로 만들 수 있는 정책 현안보다는 외부의 기준을 따라잡는 데 관심이 더 많다.

　서울은 신기술과 새로운 경제 동향의 흐름에서 앞서갈 수 있는 과감하고 극적인 변화를 도모할 잠재력을 갖고 있다. 그렇다고 해서 서울이 정치, 기술, 범지구적 관계망과 관련한 싱크탱크의 놀라운 집합소로 반드시 거듭날 수 있다는 보장은 없다. 그렇게 되려면 선행돼야 할 조건이 몇 가지 있다. 이 조건들은 예산이나 기술, 브랜드화 같은 것이 아니다. 물론 모종의 변화나 개선이 있을 수는 있으나, 앞서 언급한 과감하고 극적인 변화를 위한 기반은 이미 마련돼 있다. 여기서 말하는 선행 조건이란 비전이나 획기적 역량에 있다. 정책상 새로운 지평을 여는 새로운 싱크탱크는 기존의 다른 싱크탱크 집단을 벤치마킹해서 될 일이 아니다. 새로운 싱크탱크는 오직 서울시 자체 내에 비전과 혁신을 지지하는 문화가 안착돼야만 나타날 수 있다.

　서울의 차세대 싱크탱크 집단은 무엇보다 먼저 젊은 층에 주의를 기울여야 한다. 기존 집단에서 여는 세미나나 리셉션을 보면 참여자가 40세 미만인 경우가 드물다. 싱크탱크 집단의 발언자들은 대체로 60~70대다. 아산정책연구원 행사에서 30대 미만, 40대 미만을 만난다면 십중팔구 인턴십 중인 직원일 것이다. 그들은 행사 조직에서 미미한 역할을 맡을 뿐이다. 젊은이들은 싱크탱크에서조차 적절한 급여에 대한 보장도, 정규직으로 채용될 보장도 없는 착취 대상으로 전락하고 있다.

　이런 불행한 일들이 더는 일어나서는 안 된다. 고등학생 이상의 젊은이들이 행사나 리서치 프로젝트에 깊이 참여할 수 있어야 하고, 의사결정 과정에서도 의견을 낼 수 있어야 한다. 젊은이들이 자신들만의 싱크탱크를 만드는 기금 모금에서도 지금처럼 어려움을 겪지 않아야 한다. 자신들만의 싱크탱크를 통해 아이디어를 다듬어 갈 수 있어야 한다. 젊은이들이 싱크탱크에서 핵심 인력으로 움직일 수 있어야만 다음 세대를 위한 제대로 된 수요를 파악하고 반영할 수 있다. 더욱이 한국이 직면한 고령화는 중장년 이상 연령층의 관심사를 고려하느라 젊은이들의 입장은 간과되는 결과로 이어지고 있다. 젊은이들을 소외시키는 관점은 사회적으로 심각한 불평등을 낳는다. 싱크탱크는 이런 불평등을 완화하는 데 기여하는 것이 옳다.

다음 세대의 싱크탱크는 모든 면에서 국제적이어야 한다. '국제적'이란 말의 의미를 이해하는 데서 많은 싱크탱크 집단이 실수를 저지른다. 전문 지식을 갖춘 엘리트 집단만 배려하듯 영어로 진행하는 행사를 하거나, 미국에서 이따금씩 전문가를 초빙한다고 해서 '국제적'인 것은 아님을 염두에 둬야 한다.

한국의 싱크탱크는 임시 직책이 아닌, 정규 수석연구원 자리에 외국인을 영입해 연구팀을 구성해야 한다. 또한 연구원의 최소 절반은 여성으로 채워야 한다. 무엇보다 중요한 것은 다음 세대의 싱크탱크가 다문화적 면모를 지녀야 한다는 것이다. 즉 다문화 가정 출신의 연구원을 확보해야 한다. 바로 그런 사람들이 우리의 미래이기에 싱크탱크의 책임 있는 자리에 그들을 고용할 수 있어야 한다.

다음 세대의 싱크탱크는 동시대의 중요한 이슈들을 다뤄야 한다.

기후변화가 중대한 안건이 돼야 하며 이해 당사자들이 모두 머리를 맞대고 논의해야 한다. 이런 세미나가 엔터테인먼트가 되지 않도록 해야 하며 특히 발표자에게 어떤 제약도 주어선 안 된다. 발표자들은 현재 직면한 심각한 상황에 지나치다 싶을 정도로 정직해야 하고, 그 것을 두려워해야 하며, 각각의 입장이 상충하는 지점을 분명히 밝혀야 한다.

기술 발전이 현대사회에 미치는 영향은 크다. 특정 정치인이나 정책이 아니라 이런 기초적인 현상을 논제로 다뤄야 한다. 기술의 발전은 단지 우리 생활을 편리하게 하는 것만은 아니다. 기술은 우리가 세상을 인식하고 세계와 상호작용하는 방식을 바꾼다. 오늘날 기술은 인간이 함께하도록 하기보다 개개인을 서로 분리시키고 있다. 또 다른 차원의 봉건시대로 사회를 분열하고 있다.

사람들이 기술 변화와 기후변화 같은 문제들을 심각하게 생각하지 않을 경우 싱크탱크가 사람들을 설득하는 수단이 될 수도 있다. 악화되는 상황에서도 모든 것이 괜찮다고 여기는 사람들에게 싱크탱크가 나서서 자극을 줘야 한다. 또 다른 싱크탱크의 역할은 보통 사람들이 잘 보지 못하는 문제들을 드러내 공론의 대상이 되도록 하는 것이다.

다소 진부할지 모르나 그 밖의 싱크탱크의 역할은 다음과 같다. 싱크탱크 집단은 권위나 합법성을 상징하는 것들에 저항하는 태도를 가져야 한다. 또한 의견을 수렴할 때는 특정 이해 단체의 편협한 의제를 멀리하면서 최대한 다양한 목소리를 들어야 한다.

한국의 싱크탱크는 국제사회에서 한국의 새로운 역할에 걸맞게 다양한 언어로 성과를 알릴 필요가 있다. 영어가 세계 공용어이지만 세미나를 열고 결과물을 낼 때는, 중국어·일본어를 비롯해 아라비아어·인도네시아어·베트남어 등 개발도상국 언어까지 사용해야 한다. 아울러 자료집이나 정책 제안서가 더 효과적일 수 있도록 제안 대상국의 언어로 만들어 쉽고 빠르게 정책에 반영할 수 있도록 해야 한다.

결국 서울이 글로벌 싱크탱크의 중심으로 거듭나려면 단순히 워싱턴의 싱크탱크를 흉내 내는 게 아니라, 한국인만의 특성을 반영하는 데 초점을 둬야 한다.

기후변화나 사이버공간의 향후 동향과 같은 문제는 매우 복잡하므로 서로 충분히 입장을 나누고 신중하게 협력해야 한다. 이런 문제들은 적절하게 그 영역을 나누고, 공유할 수 있는 지점을 찾아 나가야 한다. 그러므로 서울의 싱크탱크 집단들은 규모에 따라 협력 체제를 조율해야 한다.

큰 규모의 싱크탱크는 월드클래스의 전문가를 영입할 수 있는 넉넉한 예산을 갖춘 반면, 작은 규모의 싱크탱크는 유연성이 한결 뛰어나 일반 시민들의 요구를 더 구체적으로 반영할 수 있는 장점이 있다. 서울시가 뚜렷한 의지로 여러 분야에 산재해 있는 문제 및 전문 지식을 싱크탱크들 간에 공유할 수 있도록 한다면 혁신적 생태계를 조성할 수 있을 것이다. 애석하게도 현재 서울시에서는 진보 성향의 민간 싱크탱크가 중대한 현안을 제기한다고 해도, 그런 안건을 논의하는 자리에 전 세계적 청중을 확보하기는 힘들다. 보고서 등을 영어나 다른 외국어로 만드는 일이 거의 없고 국제적인 파트너십을 맺은 경우도 드물기 때문이다. 보수 성향의 싱크탱크는 젊은이를 위한 일자리나 환경 파괴, 부의 불평등 등 범지구적 차원의 일상적 문제와는 큰 관련이 없는 국제 금융이나 안보 등의 주제에 역점을 두고 있다.

결국 한국의 싱크탱크가 성공할 수 있는 길은 한국적인 인식을 뚜렷하게 보여 주는 것이다. 세계적 집단이 되는 길은 역설적으로 고유의 지적 토양에서 형성된 한국만의 문제 인식 방법을 알리는 것이다. 세계 다른 곳에서 찾아볼 수 없는 한국적인 진정성과 내적 토대가 필요하다.

한국이 세계적 연결망을 지닌 국가로 자리매김하는 데 있어 가장 큰 강점은, 전통적으로 한국에는 제국주의적 기조가 없었다는 것이다. 한국은 국제적으로 균형감 있고 호혜적인 관계를 많이 확보하고 있다. 그러므로 한국의 싱크탱크는 선진국들이 하지 못하는 '열린 플랫폼'으로 논의의 장을 마련할 수 있는 기본 바탕을 지니고 있다. 더구나 한국은 지속 가능한 발전을 포용하는 동시에 권력을 분배하는 국가 통치의 전통을 조선 시대부터 지니고 있었다. 15세기 세종대왕의 과학기술 진흥 및 참여적 행정 정책, 혹은 18세기 정조의 농업 혁신 및 교육 확대 등 개혁 정책을 돌아볼 때 한국은 분명 국제적 영향력을 충분히 지니고 있다.

향후 싱크탱크를 위한 하나의 참조 모델을 한국의 역사 속에서 찾아본다면 가장 두드러지는 것이 집현전이다. 집현전은 정부기관 안에서 정책을 논의하는 가장 중심적인 역할을 했고, 세종대왕의 통치 기간(1418~1450년) 동안 높은 자율성을 보장받았다. 집현전 학사들은 각자의 지적 바탕에서 마음껏 연구할 수 있는 자유가 있었고, 왕도 정치의 이상을 실현하는 연구에 필요한 자료를 얼마든지 제공받을 수 있었다. 그들의 연구는 '백성을 위한 통치'라는 바탕에서 수많은 구체적인 사례를 담은 중요한 정책 자료로 발간되었다. 집현전은 좋은 통치가 무엇인가에 대해 중국과 한국의 선례를 살피며 숙의할 수 있도록 학사들에게 넉넉한 시간을 주었다.

집현전 학사들은 집행 중인 정책을 검토하는 과정에서 유학 사상의 전통적인 텍스트를 참조하는 동시에 당대의 문제 역시 실증적으로 연구했다. 그 결과 세종대왕이 추구했던 공평한 사회를 위한 정책에 철학적·역사적 토양을 마련할 수 있었다.

이미 시행 중인 정책에 대해 윤리적 숙의를 거치는 집현전의 전통을 되살린다면 오늘날 한국의 싱크탱크는 범세계적 차원의 새로운 모델로 거듭날 수 있을 것이다. 한국의 역사적 맥락을 보면 가능성과 역량이 잠재돼 있음이 확실하다.

2 부

한국에 의한,
한국을 위한
지정학

6대 주기의 종언을
맞이한 한국

박근혜 전 대통령을 향한 촛불시위가 종결되었으니 이제 광화문도 잠잠해지지 않겠냐는 이야기들이 많다. 하지만 나는 결코 그렇게 생각하지 않는다. 더 거대한 불협화음이 대한민국에 도사리고 있고 불확실하고 불안한 미래에 대한 생생한 두려움도 남아 있다. 그 두려움의 일정 부분은 정부, 기업, 직면한 사회문제를 보도하는 언론의 완전한 무능력의 결과다. 남북만 분단된 것이 아니라 서울 종로마저 동서로 분단됐다. 시청 광장에서 보수 세력은 태극기를 들고 천안함을 추모하고, 광화문 광장에서는 세월호를 추모한다. 토요일마다 사드 배치 반대 시위도 열리고 있다.

요즘 내가 만나는 한국 사람들은 무척 혼란스러워하는 모양새다. 그들이 이처럼 당혹스러워하는 모습을 나는 지금까지 본 적이 없다. 평소처럼 웃으며 일상생활을 영위하고 있지만 그들은 자신에게 닥칠 미래를 예감하지 못하고 있다. 자신의 우려를 논리정연하게 표현조차 못하고 있다.

이러한 혼란은 현재 한국을 둘러싼 6대 역사 주기가 거의 한꺼번에 끝나는 과정에서 발생한다. 한국인들은 가게나 기업의 폐업, 반정부 시위를 정부의 탓으로 돌린다. 하지만 한국을 지탱해 온 문화, 가치 체계의 변화를 살필 필요가 있다. 변화는 상상 외로 거대해서 오히려 눈에 보이지 않는다. 그러나 그 파장은 극심하다.

한국이 직면한 가장 짧은 역사 주기는 스캔들로 인해 종료된, 본래 5년으로 약속되었던 박근혜 전 대통령의 임기다. 한국 정치에서 이 5년이란 주기의 막후를 예측하는 것은 오히려 쉬운 편이다. 정부가 권위를 상실하면 파국을 맞는 것으로 끝나기 마련이다.

두 번째 주기인 보수 리더십의 10년 주기도 고통스럽게 종말을 맞고 있다. 규제를 완화하고 관료들의 힘을 약화함으로써 경제 성장을 촉진한다는 그들의 허황된 약속은 결실을 맺지 못했다. 건설, 기술 개발 등 인프라와 제도는 곧 손상된 전모를 고스란히 드러낼 것이다. 장기적 안목 없이 사물에만 투자하고 사람에게 투자하지 않은 결과다. 물론 국내 분위기나 한국이 나아갈 방향이라는 측면에서 보면 획기적인 전환이 일어날 수도 있다. 한국은 여러 가지 정치 관계 절차를 수정해야 할지도 모른다. 이런 상황에서 우리는 장기적이고 구체적인 계획을 짜야 하며, 여기에는 전문가들의 참여가 절대적으로 필요하다.

이보다 더욱 거대한 주기(1960~2017년)는 한국의 경제구조와 관련이 있다. 기존의 한국 경제는 미국을 비롯한 세계 각국으로 완제품을 수출해 고도성장을 유지하던 구조였으나 이제는 그 끝을 향해 치닫고 있다. 1960년대 팽배했던 성장 동력인 노동력에 자체 생산품인 플라스틱·철강을 결합하면 끝없이 경제 성장을 누릴 수 있다고 믿었던 사고방식도 이제는 옛말이 됐다. 이러한 전환의 원인은 스마트폰, 선박 등의 분야에서 한국의 경쟁력이 약해진 데서 찾을 수도 있다. 하지만 근본적 원인은 이들 분야가 사양산업에 속한다는 데 있다. 지난 20여 년간, 한국의 산업은 발전 방향에 대한 구체적인 모색 없이 계속해서 거액의 자본을 동일한 산업에 투자해 왔다. 이제는 신산업 창출을 위해 기존의 주력 산업을 탈피해야 하는데, 아무도 결정을 내리지 못하고 있다. 테슬라는 전기차를 비롯해 많은 실험을 하고 있다. 하지만 현대자동차는 혁신과 개혁을 부르짖는 홍보물만 눈에 띌 뿐 실제로 혁신이라고 할 만한 것은 거의 없는 듯하다. 이대로 간다면 미래는 제한적일 수밖에 없다.

한국은 지금까지 수출주도 경제 성장이야말로 성공으로 가는 가장 효율적인 방법이라고 생각해 왔다. 성과가 없을 경우 더 열심히 일하고 더 많은 혁신을 추구하면 된다고 생각했다. 그러나 정부 예산을 사양산업에 쏟아붓는다면 필연적인 결과를 막을 수 없다. 1960년대 한국의 고민은 '어떻게 하면 국내 농업 생산을 증가시키고 국민의 복지를 향상시킬 것인가'였다. 당시와 마찬가지로 미래 한국은 이 근본적 고민을 다시 하게 될지도 모른다. 하지만 이게 전부가 아니다.

더 큰 주기가 곧 종언을 고하려 한다.

네 번째 거대한 주기(1945~2017년), 즉 국제 정치에 있어 미국이 주도하는 시기가 끝을 향하고 있다. 미국은 여전히 세계화에 노력을 기울이고 있는 듯 보이지만 실은 세계화에서 멀어지고 있다. 이제 우리는 트럼프 정권에 충분한 돈을 지불하는 것이 정의인 시대에 직면해 있다. 제2차 세계대전 이후 대영제국 대신 미국은 글로벌리즘이라는 비전과 보편적 가치에 바탕을 둔 글로벌 거버넌스를 위해 노력해왔다. 1945년 얄타회담으로 시작된 이 주기는 같은 해 국제연합(UN)의 창설로 제도화됐다.

한국은 이러한 글로벌 스탠더드에 대한 미국의 지지가 마치 해가 동쪽에서 뜨고 서쪽에서 지는 것처럼 자연스럽다고 생각해 왔다. 하지만 역사적으로 미국은 원래 고립주의적인 나라였다. 이제 15년에 걸친 대외 전쟁에 따른 부담 탓에 미국의 분위기는 자국 내 어젠다, 특히 경제 부문에 집중할 것을 요구하고 있다. 경제 민족주의는 미국뿐 아니라 세계 곳곳으로 계속 퍼져 나갈 것이며 각국은 고립될 것이다. 이에 대응하기 위해 한국도 국내 경제에 집중하지 않을 수 없다.

지금 이 순간 종말을 앞둔 다섯 번째 역사 주기는 세계 경제와 보편적 문화 규범에서 차지하는 서구의 지배적인 위상, 즉 서양 문화의 우세 현상이다. 영국은 제1차 아편전쟁(1839~1842년)으로 세계 역사에 중요한 변화를 가져왔으며 우월주의적 사고방식으로 중국에 모욕을 줬다. 배타적으로 장악한 새로운 산업 기술을 이용해 국제사회에서 절대적 권위를 확립한 것이다. 아편전쟁 이후 아시아인들은 150

여 년 동안 자신의 정체성을 확립하기 위해 고군분투했다.

그러나 지금 서구 중심의 국제 질서는 빠른 속도로 힘을 잃어 가고 있다. 아편전쟁 이전까지 중국의 제도가 쇠퇴해진 것과 같은 방식으로, 미국과 서유럽의 제도 또한 쇠퇴해지고 있다. 중국을 비롯한 아시아는 19세기 이전까지 차지했던 글로벌 경제의 비중을 회복했다. 이러한 지정학적 대전환 속에서 향후 10년 동안 문화와 가치는 커다란 변화를 가져올 것이다.

마지막 주기는 우리 사회의 예측 불가능한 기술 발전과 진화다. 우리는 인간의 행동 과정이 자동화되고 전 세계로 확산되는 과정, 즉 4차 산업혁명을 목격하고 있다. 고도로 자동화된 이 시스템 안에서 인간은 제작 과정을 통제하는 능력을 잃게 되는 위험한 상황에 처해 있다. 이런 변화가 사회에 일으키는 거대한 파장은 한눈에 포착하기 어렵다. 인간이 더 이상 도구 제작에 필요하지 않다면, 우리에겐 무엇이 남게 될까? 혹자는 생산과정의 자동화를 포스트모던 세계의 시작으로 보지만, 어떤 면에서 우리는 석기 시대로 복귀하고 있다고도 볼 수 있다. 말하자면, 자동화와 지능화로 기계가 인간을 완전히 대체한다면, 인간이 할 수 있는 일은 선사시대처럼 단지 사냥, 수렵, 채집뿐이지 않을까.

한국의 혼란은, 동시에 진행 중인 6대 주기의 종언으로 인해 자연스럽고 영원할 것으로 보였던 규범들이 본질적인 변화를 보이고 있는 데서 온다. 많은 이들이 이런 변화의 원인을 단기적인 주기에서 찾으려 할 뿐 장기적인 주기의 전환은 알아채지 못하고 있다. 하지만 우리가 직면한 불확실성은 보다 거대한 변화의 산물이다. 이 변화에 진지하게 대응하지 않는다면 혼란은 갈수록 심화될 것이다.

한국은 스스로
규칙을 만들어야 할 때다

한국은 미국 트럼프 행정부의 출범에 어떻게 대처해야 할지 모르는 것 같다. 1970~1980년대 정부 고위 관료들이 전범으로 삼았던 미국은 갑자기 전두환 군사정부보다 더 우파적인 정부 체제로 바뀐 듯 보인다. 안보와 군사 분야에서 급격히 달라진 미국의 태도에 대해 한국은 빨리 입장을 정할 필요가 있다.

억만장자와 극우파로 이뤄진 트럼프 행정부는 중국과의 대규모 군사 대결을 준비하고 있다. 그리고 많은 사람들이 그 무대가 한국이 될 것이라 예상하고 있다. 주한 일본대사의 갑작스러운 본국 소환에서 볼 수 있듯, 워싱턴 극우파들은 일본을 끌어들여 한국을 압박하고 있다. 극우적인 트럼프 행정부의 등장, 미·중 갈등 격화, 사드 배치를 둘러싼 중국의 무역 보복, 소녀상을 둘러싼 일본과의 갈등 등으로 한국은 주변국과의 관계가 악화될 대로 악화된 상황이다.

'트럼프'는 갑자기 나타난 현상이 아니다. 한반도와 관련한 미국의 군사적 태도에는 그동안 거대한 변화가 있었다. 미 육군대학원 전략연구소의 필 윌리엄 교수와 워너 셀르 교수가 쓴 〈대도시에서 일어날 군사적 긴급상황(Military Contingencies In Megacities and Sub-Megacities)〉이라는 보고서가 최근 공개됐는데, 보고서는 미국이 대규모 사상자를 낼 대도시 내 군사 충돌에 대비해야 한다고 말하고 있다. 이 보고서는 또 그런 군사 충돌이 가까운 장래에 일어날 것이며 피할 수 없다고 주장한다. 서울은 군사 충돌이 일어날 가능성이 높은 도시로 거론되고 있다. 특히 이들은 서울이 미·중 군사 충돌의 실질적 무대가 될 수 있다는 섬뜩한 시나리오를 내놓았다. 미군은 한국을 지켜야 할 나라가 아니라 소모전을 벌일 장소로 간주하고 있다는 것이다.

　"가장 그럴싸한 시나리오는 그런 군사 충돌이 서울에서 일어날 수 있다는 것이다. 어떤 면에서 그것은 스탈린그라드 전투의 사례와 유사하다. 2천3백만 명이 살고 있는 서울과 그 주변은 한국 경제의 핵심이기도 하다."

　이 보고서대로라면, 서울을 잿더미로 만들 전쟁은 북한이 아니라 미국과 중국 간 전쟁일 것이다. 또한 이 보고서는 서울을 반드시 방어해야 할 동맹의 수도가 아니라 더 큰 지정학적 게임의 희생자로 인식하고 있다. 수백만 서울 시민들은 이 지정학적 게임의 어쩔 수 없는 희생자로 묘사된다.

　그러므로 인식의 변화는 매우 중요하다. 미 군부가 한국을 동맹국이 아니라, 중국을 제압할 전쟁 무대로 보고 있다는 증거이기 때문이다. 그들은 한국을 시리아나 우크라이나처럼 대리전의 대상으로 본다. 지난 1월 13일, 렉스 틸러슨 미 국무장관은 그런 속내를 여지없이 드러냈다. 그는 중국의 남중국해 접근을 차단해야 한다고 말했다. 이것은 중국이 하와이를 미국으로부터 독립시키라고 요구하는 것과 같다.

이런 악몽 같은 상황이 일어나지 않으려면 한국은 외국 세력 간 소규모 대리전을 불러올 국내 정치의 분열을 끝내기 위한 단호한 조치를 취해야 한다. 자주성을 지키고, 동아시아의 평화와 안정을 위한 계획과 비전을 제시해야 한다. 한 가지 분명한 것은, 이런 비전과 계획은 얄팍한 로비로는 이뤄질 수 없다는 점이다. 가령 비싼 로비스트를 고용해 한국이 미국의 무기 시스템을 살 테니 미국은 한국을 떠나지 말라고 로비하는 것은 지금 상황에서 적절한 해결책이 아니다.

미국의 전쟁 무기상들은 중국과의 충돌을 돈을 벌기 위한 기회로 삼고 있다. '테러와의 전쟁'이라는 명분이 이미 수명을 다한 상황에서 그들은 열전이든 냉전이든 다양한 전쟁을 만들어 내는 데 몰두한다. 그들이 만들어 낸 위기가 크면 클수록, 그들의 권력은 더 오래 지속될 것이기 때문이다.

한국의 정치인이 중국을 방문해, 미국 극우파와 협력하는 동시에 중국과의 동맹 역시 유지하겠다고 설득하는 것으로는 중국을 달랠 수 없다. 중국은 바보가 아니다. 중국은 권력을 잡은 미국 극우파들이 자국과 갈등을 일으킴으로써 통치 권력을 유지하려는 것을 잘 알고 있다. 이로 인해 중국에 닥칠 위험 또한 분명히 알고 있다. 지금과 같은 경제 침체기에 군사주의는 강력한 정치적 무기가 될 수 있다.

트럼프와 그 내각은 기후변화를 믿지 않는다. 그들이 핵전쟁의 위험을 두려워할까? 오히려 그들은 예측할 수 없는 극단적 사태로 인한 정치적 이득에 관심이 더 많다. 어쩌면 사드 배치 등 안보와 관련해 한국이 당연히 여기는 것들을 트럼프는 언제든 무효화할지도 모른다. 아주 위험한 상황에서도 북한과의 어리석은 게임을 벌이고 있는 셈인데, 한국의 안보를 위해서는 더욱 장기적인 안목이 필요하다.

지난 30년 동안 잘 살아온 한국은 전혀 준비되지 않은 채로 정치, 경제, 문화적 위기에 맞닥뜨리게 될 것이다. 지금 한국은 국내외의 안보를 준비해야 할 때다. 미국, 중국, 일본, 러시아를 상대로 비전을 제시해야 한다. 그 비전은 뚜렷한 명분과 도덕적 권위를 바탕으로 주변 4개국을 모두 설득할 수 있는 것이어야 한다. 이것이 순진한 이상주의로 보이는가? 절대 그렇지 않다. 이것만이 한국이 생존할 수 있는 유일한 길이다.

안타깝게도 한국의 안보 관련 전문가들은 미국의 전쟁 무기상에게 구걸하는 사람처럼 보인다. 이들 중 진심으로 한국의 안보를 고민하는 사람은 없는 것 같다. 하지만 해답이 전혀 없는 것은 아니다. 그답을 찾으려면 최근의 한국 정치 상황에서 사라진 상상력, 창의력, 순수한 용기가 필요하다.

요즘 한국의 정치인들은 정치 이슈에 대한 피상적 대담을 나누는 데 골몰한다. 미국의 점증하는 군사주의 또는 핵전쟁의 위협에 대해 경고하는 정치인은 찾아볼 수 없다. 지난 탄핵 국면에서도 세계적 전쟁 위협에 관한 논의는 찾아볼 수 없었다. 1970~1980년대 미국으로 유학을 갔던 이들이 경험한 미국은 더 이상 존재하지 않는다. 마치 조선 시대에 명나라를 생각하듯 미국을 믿고 있다면 이제 생각을 바꿀 때가 왔다. 미국과 중국 사이에 끼어 눈치를 보는 것으로는 한반도의 안보를 보장할 수 없다. 보다 대범하고 창의적인 비전을 갖고 주도적으로 동북아의 정세 변화에 대처해야 한다.

먼저 한국은 정치적, 외교적 의제를 밀어붙이기 위해 트럼프가 구사하는 '예측 불가능의 정치'를 이해할 필요가 있다. 상대를 혼란스럽게 하는 트럼프의 수법을 배우라는 것이 아니다. 트럼프의 예측 불가능은 보다 하위 단계인 전술적 차원의 것이지, 전략적 차원의 것은 아니다. 국가의 행동은 예측 가능해야 하고 원칙은 일관돼야 한다.

내가 하고 싶은 말은, 중국과 북한에 대한 한국의 안보적 군사적 역할에 있어, 우리가 스스로 미국과의 공통 가치에 기반한 창의적 비전을 내놓아야 한다는 것이다. 그것은 트럼프 행정부가 전혀 예측하지 못한 창의적인 것이어야 한다. 현재 트럼프 행정부의 노선과 관계없이 한국은 핵 비확산, 군축, 대화와 포용 등 미국이 기존에 견지해온 전통적 가치를 확고히 지지해야 한다. 즉 한국은 미국의 전통적 가치를 따르고 있는데 오히려 미국이 더 이상 그 가치를 따르지 않고 있다고 용기 있게 그리고 세련되게 말할 수 있어야 한다.

일본의 철학자 오규 소라이는 "바둑의 고수가 되는 데는 두 가지 길이 있다. 하나는 기존의 규칙을 완벽히 익히는 것이고, 다른 하나는 스스로 규칙을 만들어 내는 것이다."라고 말했다. 어떤 역사적 시점에는 스스로 규칙을 만들어 내는 전략이 최상의 효과를 낸다. 특히 작은 나라일수록 용감하게 이슈를 정의하고 의제를 만들어야 효과가 있다.

한국은 기본으로 돌아감으로써 동아시아 안보의 주도권을 잡아야 한다. 현재의 위험 요소를 분석하고 그 대응 방식을 주도적으로 정의해야 한다. 트럼프 행정부는 무모하게 중국과의 갈등을 부추겨 구식 무기 판매를 꾀하고 있다. 이는 한국의 안보에 아무런 도움이 되지 않는다. 이런 비이성적인 상황 속에서 진짜 안보가 무엇인지 고민한다면, 한국은 전혀 예상치 못한 곳에서 '동지'를 만날 수 있을 것이다.

지금 당장 해결해야 할 안보 이슈는 사드 배치 문제다. 트럼프 행정부는 중국의 반대에도 불구하고 한국에 사드 배치를 밀어붙였다. 또 한국과 미국의 일부 세력들은 중국이 한국을 위협하고 있다는 분위기를 조성하고 있다. 물론 중국이 솔직하지 못하고 오만한 태도를 취하는 경우가 많은 건 사실이다. 그렇다고 이처럼 중요한 군사적 문제를 구체적 설명 없이 덜컥 결정한 것은 상식 밖의 일이다.

사드를 둘러싼 중국과의 갈등은 분명 한국이 당면한 안보 이슈다. 그러나 더욱 중요한 것은 사드의 배후를 인식하는 것이다. 사드의 배후에는 미국의 미사일 방어(MD) 체제가 있다. MD 체제의 실질적 국가 안보 효과에 대한 질문을 던져야 한다. 또한 미국에 미국의 전통적 가치를 견지할 것을 요구해야 한다. 아쉽게도 지금까지 사드 관련 논쟁의 초점은 사드 배치로 야기될 중국의 보복 조치, 또는 사드 자체의 무용성에 맞춰져 있었다. 사드 배치의 이면에 숨은 미국의 미사일 방어 계획에 대한 논의는 거의 없다.

2002년 6월 13일, 당시 미국 부시 행정부는 1972년 체결된 탄도탄요격미사일(ABM) 조약을 파기했다. 그렇게 국제사회의 상식을 배신한 뒤 미국은 MD 체제를 통해 미사일 공격을 막을 수 있다는 환상을 유포하고 있다. 간혹 MD 체제로 저항 비행 미사일의 일부를 막을 순 있겠지만, 다양한 방법으로 교란할 경우 핵을 장착한 대륙간 탄도미사일을 막을 수는 없다. MD는 몇 가지 대응 조치만으로 쉽게 무력화될 수 있다.

대륙간 미사일을 방어하는 유일한 길은 사려 깊은 협상을 통하는 것뿐이다. 그런데도 부시 행정부와 오바마 행정부 역시 그런 협상을 도외시하고, 북한·중국·러시아·이란의 위협에 대한 대책으로 MD 체제만을 밀어붙여 왔다. 이는 미국에서 인력으로 운영되는 군대를 아예 없애 버리려는 군수 업체의 음모와도 관련이 있다. 레이건 행정부 이래로 군수 업체들은 군대를 수십억 달러의 비용만 낭비하는 '돈 먹는 하마'라고 생각해 왔다. 군수 업체 입장에서는 국가정책에 의견을 내고 사사건건 반대하는 훈련된 전문 군인들이 반가울 리 없다. 대신 이들은 인력 중심의 군대에서 군인을 줄이고 그만큼을 값비싼 무기 체제로 대체하자고 주장한다. MD 체제가 그 대표적 사례다.

여기에 더해 미국이 핵무기비확산조약(NPT) 탈퇴 결정까지 내린다면 사태는 매우 위험해진다. 이 조약은 핵무기 보유 국가를 제한하는 국제조약이다. 그런데도 미국은 이스라엘과 인도의 예외를 인정했다. 당시 오바마 행정부는 북한을 비난하면서도 동시에 새로운 핵무기를 개발했다. 이것은 명백히 NPT 규제 위반이다.

위의 제안대로 만일 한국이 주도권을 잡고 사드나 무기 체제에 대한 의견을 개진한다면, 트럼프 행정부는 분명 반발할 것이다. 그러나 한국이 어떤 식으로 나오든 트럼프 행정부는 트집을 잡을 가능성이 크다. 정치적 술수다. 트럼프 행정부는 미국의 유일한 정치 세력이 아니며 미국 역시 세계 유일의 강대국이 아니다. 한국이 용기 있게 지역 내 무기 감축 협정을 제안한다면, 중국·러시아·일본 등 많은 나라에서 지지할 것이고 미국 펜타곤 안에도 지지 세력이 나타날 것이다.

이러한 주체적 행동을 취하는 데 있어 한 가지 문제는, 한국의 정치인이 매우 허약하다는 점이다. 한국의 정치인은 언론의 비판에 쉽게 흔들린다. 이런 자세로는 한국이 다른 국가들 사이에 나서서 주도권을 잡을 수가 없다. 향후 6개월간 한국이 트럼프 행정부의 온갖 협박과 적대 정책을 잘 견디고 앞서 언급한 원칙을 고수한다면, 이후엔 그동안 한국을 의심했던 다른 국가들로부터 호감을 얻고 그들과 새로운 관계를 맺을 수 있을 것이다.

정파 간 치열한 논쟁이 존재하는 미국 워싱턴 외교가의 분위기를 감안할 때, 의지를 갖고 버티면 반드시 성과는 있다. 또 한국이 지역

내 무기 감축을 주도적으로 제기하면 북한도 동조해 핵무기 생산을 제한하고 결국 감축에 동참할 것이다.

핵전쟁의 위협으로부터 벗어나려면 감축 외에는 방법이 없다. 한국의 언론은 북한의 핵 위협에 대응해 한국도 핵무기를 개발하라고 촉구하는 기사들을 쏟아 낸다. 그러나 한국이 핵무기를 갖는다고 더 안전해진다는 보장은 전혀 없다. 오히려 한국의 핵무장이 일본, 대만, 베트남, 인도네시아의 핵무장으로 이어질 것이라는 게 더 현실적인 추측이다. 중국은 현재 300개 정도의 핵무기를 가지고 있지만, 비상시에는 즉시 1만 개로 늘릴 수 있는 능력을 갖고 있다. 즉 아무도 안전하지 않다.

한국은 미국이 '미국의 전통적 원칙'에 충실하도록 독려해야 한다. 트럼프 행정부가 중국과의 갈등을 조장한다면, 오바마와 시진핑 사이에 이뤄진 기후변화 협력 및 군사 협력을 상기시켜야 한다. 이런 평화적 행동은 미국과 중국 양국으로부터 한국에 대한 존경을 불러일으킬 것이다.

한국이 동아시아에서 해야 할 역할이 또 있다. 동아시아의 지역 안보를 허심탄회하게 논의할 역내 테이블을 마련하는 것이다. 여기서 드론, 로봇, 사이버 전쟁, 3D 프린팅 기술 등이 야기할 위협을 함께 논의할 수 있다. 이런 기술 이용을 제한하는 합의를 이끌어 내고, 새로운 위협에 대응하는 규범을 만들어 낼 수 있다. 이런 노력을 통해 한국은 지역 안보와 관련한 정책 혁신가가 될 수 있다.

아쉬운 것은 한국이 첨단 기술을 보유했지만, 관련 이론과 정책은 스스로 만들어 내지 못하고 있다는 점이다. 특히 안보 개념과 관련한 혁신적인 시도는 더욱 찾아보기 어렵다.

또한 기후변화가 인류 전체의 위협이 되고 있음을 설득하는 일도 빼놓을 수 없다. 당장 중국발 미세 먼지로 한국인의 삶의 질이 얼마나 나빠졌는지 느끼고 있지 않은가? '안보'를 기후변화를 포괄한 개념으로 확장해야 한다. 그렇게 되면 안보 체제는 군대를 축소하고 중국·미국을 비롯해 타국의 군대와 협력을 증대하는 방향으로 재편돼야 할 것이다. 이렇게 미사일, 전투기 등에 소요되는 비용을 줄이고 나면 남는 예산을 기후변화를 대응하는 데 쓸 수 있다. 기후변화는 전쟁 못지않게 생존에 직결된 문제이기 때문이다.

한국이 기후변화 문제에 앞장서 명성과 리더십을 구축한다면, 주변국의 협력을 이끌어 낼 수 있을 것이다. 기후변화 대응 계획을 주도하는 것이 미국과 중국 사이에서 살아남는 유일한 길이다. 기후변화 대응 계획을 통해 한국이 얻는 국제적 평판은 '친중이냐 친미냐'의 딜레마에서 벗어날 수 있을 것이며, 한국의 지위는 중·미 양국에서 더욱 공고해질 것이다. 한국이 주창하는 기후변화 대응 계획은 미국과 중국 내에서 지지 그룹을 만들어 낼 것이다. 그리고 이러한 국제적 평판을 구축하는 것은 트럼프 행정부의 비위를 맞추는 것보다 더 효과적인 외교 전략일 수 있다.

물론 이러한 전략은 군수 업체들을 자극할 수 있다. 그리스의 역사학자 투키디데스가 행복의 비결은 자유이고, 자유의 비결은 용기라고 말했듯 한 국가의 안보가 일개 군수 업체에 좌우돼서는 안 된다.

중국 내몽골자치구에 위치한 쿠부치사막은, 최근 기후변화로 인해 서서히 베이징 쪽으로 이동하고 있다. 북한에는 산성 토양이 증가하고, 한국에서는 점점 토종생물이 사라지고 있다. 미국은 향후 20년 내에 사막화가 급속히 진행돼 더 이상 한국에 농작물을 수출하지 못할지 모른다. 이처럼 기후 문제들이 동시다발적으로 일어나고 있지만, 진짜 문제는 어떤 준비도 되어 있지 않다는 것이다.

한국의 싱크탱크는 기후변화 문제에 대해 전혀 이야기하지 않는다. 전문가들은 오직 북한의 미사일 위협에 대해서만 이야기한다. 그러나 북한의 미사일 위협은 지극히 비현실적인 반면, 기후변화는 매우 현실적이다. 한국은 지난 수십 년간 미국산 무기 구입에 수십억 달러를 썼지만, 기후변화에 대해서는 그러지 않았다. 이런 진실에 귀 기울이는 이들이 많지 않다는 점이 정말 안타깝다.

한국인들은 자국 정부뿐 아니라 미국, 일본, 중국, 러시아 등 나라를 향해 군비의 60% 이상을 기후변화에 써야 한다고 요구하자. 동북아시아 역내에 국가 간 논의 테이블을 만들고 그 자리에서 즉시 실행 가능한 행동 계획을 도출해야 한다. 그다음으로 현재의 군비 지출을 기후변화 지출로 전환하는 체계적인 계획을 내놓아야 한다. 예컨대 해군은 해양 보호, 공군은 대기와 오염가스 배출 감시, 육군은 숲과 토양 보호, 해병대는 다양한 환경 이슈를 담당하는 방식을 생각할 수 있다. 정보 부대는 지구적 차원의 환경문제를 모니터링하는 역할을 맡을 수 있다.

지금까지 한국이 직면한 진짜 안보 위협은 기후변화이며, 이 의제에 관한 계획을 주도함으로써 한국이 주변국들로부터 협력을 이끌어낼 수 있음을 설명했다. 용기가 필요한 일이지만, 이것은 한국이 직면한 안보 딜레마에서 벗어날 수 있는 유일한 길이다. 한반도를 둘러싼 지정학적 지옥에서 탈출하기 위해서는 좀 더 역동적이고 창의적인 비전이 필요하다.

한·미·일·중의
진지한 안보 토론

한국의 사드 배치 결정 소식을 처음 듣고 나는 무척이나 유감스러웠다. 많은 오해가 있었지만 어쨌든 한·미 군사동맹은 오래도록 북한의 위협에 맞서 공조해 왔다. 그러나 이번 사드 배치 결정은 과학적인 근거도, 타당한 논의도 전혀 없이 이뤄졌다. 또한 미사일 방어 시스템의 효용에 의구심을 제기하는 전문가들의 의견도 제대로 수용하지 않았다. 아무래도 한국 정부는 잠재적인 경제적 이득을 염두에 두고 배치를 결정한 듯한데, 이는 100여 년 전 제1차 세계대전의 비극을 초래한 국제 무기상들의 책략과 비슷해 보인다.

우선 사드는 미사일 방어 능력이 의심스러운 구식 시스템이라는 사실을 지적할 수 있다. 사드의 효용은 고고도 미사일을 방어하는 데 있다. 만약 북한이 한국을 공격한다고 해도 고고도 미사일을 사용할 일은 없을 것이다. 북한이 단지 한국인을 살상하려는 목적이라면 미사일이 아닌 직접 포격만으로도 충분할 것이다. 서울은 북한이 갖춘 방사포의 사정거리 내에 있기 때문이다. 사드는 방사포와 무관하다. 더구나 이미 비효율적인 미사일 시스템이 산재한 마당에, 사드는 미사일 공격 체계를 강화하려는 중국을 자극할 공산이 크다.

국가별 핵무기 보유 현황을 살펴보면 중국이 현재 약 200여 개, 미국이 약 7천여 개에 달한다. 하지만 한국과 적대적인 관계가 된다면, 중국은 몇 년 사이에 핵무기 5천~1만 개를 제조하고 배치할 능력이 있다. 어쩌면 미국보다 더 많이, 더 빨리 만들어 낼 수도 있다. 이는 우리가 기대한 사드의 방어 효과와는 무관한 결과다. 뿐만 아니라 북한이 핵무기를 보유하듯 한국도 핵무기 개발을 강행한다면 5~10년 후 중국은 1만 개, 일본 4천 개, 한국 500개, 북한은 100개, 미국이 1만 개의 핵무기를 보유하게 될 것이다. 이 외에 대만, 인도네시아, 베트남 역시 핵무기 개발을 생각할 수 있다. 그런데도 언론에서는 이런 당연한 위기의 결과에 대한 언급은 없고, 오로지 북한이 한국을 핵무기로 공격할 것이라는 공포만 조장하고 있다. 북한의 공격이 일어날 가능성은 매우 낮지만, 다른 나라와의 사이버 전쟁, 공해 문제, 기후변화 등의 위협은 이미 상당 부분 현실화되고 있다.

대륙간 탄도미사일의 위협에 대응할 수 있는 유일한 방안은 유럽의 안정화를 가져온 전략무기제한협정(SALT)과 같은 조약뿐이다. 1970년대 초반을 거쳐 냉전의 양측은 여러 이해관계를 세 가지로 조정했다. 모스크바·워싱턴 핵무기 협의, 유럽안전보장협력회의

(CSCE)를 통한 정치·경제적 논의, 그리고 유럽재래식무기감축협상 등이다.

하지만 오늘날 미국은 이러한 접근 방식을 고려조차 하지 않는다. 미국은 장기적인 전략을 상실했다. 지난 20년간 환경과 안전에 대한 기업의 책임과 역할을 축소하는 규제 완화의 흐름 속에서 부시 정부는 군대의 민영화와 정치적 돈놀이에 몰두했다.

현재 트럼프 정권이 한국에 대해 내뱉는 발언에는 자유, 민주주의의 가치를 향해 나아가자는 뜻이 전혀 담겨 있지 않다. 비용을 더 지불하라는 요구만 있다. 관습을 벗어나 새로운 방식으로 안보 문제의 해결책을 찾아야 할 상황에 오히려 과거 냉전 시대로 돌아간 태도다. 트럼프 정권의 시대착오를 그대로 따를 필요는 없다. 미국이 미래 동북아 안보에 대해 이성적으로 판단하는 기능을 상실하면, 한국은 용기를 갖고 스스로 적극적 역할을 해야 한다.

동북아의 평화를 위협하는 가장 큰 요인은 미사일이나 핵무기가 아닌 무인항공기 기술이다. 이 기술은 가파르게 발전 중이며 범세계적 안전에 불확실한 위협이 되고 있다. 무인항공기를 이용해 미래에 전쟁을 도발할 주체는 국가가 아닐 수도 있다. 게다가 세계는 무인항공기와 관련한 어떤 종류의 협약도 논의한 바 없다. 무인항공기는 동북아의 무기 경쟁 구도를 악화시킬 뿐이다.

게다가 지구는 해수면 상승, 사막화 등 기후변화에 따른 위협으로 혼란에 빠지게 될 것이다. 향후 국가적으로 가장 큰 비용 소요가 예상되는 분야도 화석연료 감축과 저에너지 시스템을 도입한 사회 기반 시설의 구축, 그에 따른 정치적·사회적 기반의 마련일 것이다. 미국, 중국, 일본, 러시아 등 국가들은 환경문제의 장기적 해결책을 위해 공조하고 기후변화에 대처하는 공통의 의제 확립에 힘쓰기에도 시간이 부족하다.

우리에게는 사드 배치라는 잘못된 결정에 매달릴 시간이 없다. 이같은 무기 경쟁이 가속화될 때 가장 큰 희생자는 우리 자신이다. 한국이 동북아의 기후변화와 그에 따른 위협에 단호히 맞서 해결책을 찾으려는 의지를 보이고 다른 국가들을 포용할 의지를 보일 때, 한국은 미국뿐 아니라 의외의 많은 지지 세력을 얻을 수 있을 것이다.

하지만 한국이 잘못된 정보를 근거로 금전적 혹은 정치적 이익에만 매달려 현재의 행보를 지속한다면, 불필요한 비용만 늘어날 것이며 결과적으로 미래 세대에 큰 부담을 지우게 된다.

대부분 정치인들은 '외교'로 사드 문제를 해결해야 한다고 말한다. 그러나 그것은 아주 무책임한 표현이다. 안보 문제가 잘못된 방향으로 흐를 때 외교가 마법처럼 문제를 해결해 주지는 않는다. 한국 스스로 안보가 무엇인지 진지하게 토론하고, 미국 싱크탱크의 왜곡된 분석을 새롭게 이해할 필요가 있다. 미국 싱크탱크인 전략국제문제연구소(CSIS)나 브루킹스 연구소 등이 기후변화, 기술 발전 및 새로운 도전 과제, 안보에 대한 연구를 언급하지 않고 계속해서 과거 기술에 의존하는 미사일 방어만 강조한다면, 한국은 독자적인 안보 관념을 미국에 제안할 수밖에 없다.

지금 우리에게 필요한 외교는 유력 인사와의 학연이나 친분이 아니며 사교나 문화적 교류도 아니다. 가장 시급한 것은 한·미·일·중의 진지한 안보 토론이며, 그 결과를 곧바로 정책으로 실행할 수 있는 시스템을 만드는 것이다. 토론 과정에 미사일 방어체계에 대한 거부 의사를 피력할 수도 있다. 4개국의 전문가들이 참석해 다양한 의견을 나누고 안보와 정의에 대해 솔직한 대화를 나눈다면, 미사일 방어체계의 한계점에 대한 적절한 결론을 내릴 수도 있다. 그러나 지금까지 이런 토론은 이뤄지지 않았다. 만일 미사일 방어체계 자체가 효력이 없고 단지 위험한 무기 경쟁만 부추기는 것이라면, 한국이 자체적으로 미사일 방어체계를 연구하고 과학적인 분석을 거쳐 적절하지 않다는 결론을 낼 수도 있다. 미국의 잘못된 안보 정책을 과감히 지적하는 것은 한국 국민에 대한 의무이며 동시에 미국에 대한 의무이기도 하다. 정책 결정 과정을 비판적으로 분석하고, 많은 사람들이 함께 모여 객관적인 시각으로 토론할 수 있는 기반과 공간을 확보해야 한다.

　　중국의 반응 또한 객관적으로 분석할 필요가 있다. 사드에 대한 중국의 우려는 이해 가능한 부분이다. 새로운 한·미·일 통합 군사 공동체에 한국을 무리하게 편입, 통합하려는 워싱턴의 의도는 누가 봐도 명백하다. 한·미·일 군사 통합이 이뤄지면 한국이나 일본은 군사적 결정권을 상실할 수 있다. 뿐만 아니라 미국 시민도 결정권을 잃게 된다. 한·미·일 군사 복합체 내에서 내려진 애매하고 불투명한 결정으로 아무도 원치 않는 전쟁에 휘말릴 위험성이 크다. 이런 결과는 중국에게도 위협적으로 다가갈 것이다. 미국 내에서는 일부 소규모 컨설팅 회사들이 고의적으로 '중국 위협론' 같은 소문을 만들어 퍼뜨리기도 했다.

미국은 북한 인근 남중국해에서 지속적인 군사훈련을 하고 있다. 당연한 일처럼 보도되고 있지만, 사실 중국이 미국 하와이나 캘리포니아 근처에서 군사훈련을 하지 않는 한, 자국 근처에서 행해지는 미국의 군사훈련에 대해 부정적 입장을 취하는 건 합리적인 일이다. 물론 다방면에서 한국을 압박하는 중국의 태도에도 문제는 있다. 따라서 중국의 사드 관련 정치적, 경제적 보복에 한국은 항의 의사를 표해야 한다. 무역 협상을 위반하는 보복 행위에 대해 확실히 반대 입장을 취하고, 세계무역기구 등에 반대 의견을 제시해 자유무역 재협상을 요청할 필요도 있다. 이런 타당성에 대해서라면 중국 사람들도 인정하는 바다.

중국에 대한 한국의 더 용감하고 비판적인 지적은 국제사회에 한국의 이미지를 긍정적으로 심을 수 있다. 하지만 반중 혹은 반한 감정은 양국 모두에게 유리하지 않다. 한·중 관계는 향후에도 매우 중요하다. 일시적 갈등으로 큰 손실을 초래해서는 안 된다.

기후변화 공동 대응보다
시급한 것은 없다

동아시아 지역에 군사력 확대 경쟁이 심화되면서 불안감이 커지고 있다. 이는 지역 안정을 보장하는 견고한 제도 구축 노력에 찬물을 끼얹었으며, 전략적 문제에 대한 미국과 중국의 상호 협력에 걸림돌이 되고 있다. 이에 더해 중국과 일본 간 영유권 갈등과 한국의 위안부 문제 등 오랜 분쟁은 군사적 대립을 조장하는 정치 환경을 만들어 냈다. 최근 북한의 핵실험은 동북아시아뿐 아니라 동남아시아 지역의 대규모 군비 경쟁까지 부추길 정도로 불신을 고조시켰다.

이제 미국이 도전적 용기를 가져야 할 때다. 미국, 정확하게 미 태평양사령부는 앞장서 안보 문제에 대해 솔직하고 실질적인 대화에 나서야 한다. 안보 문제에 관해 동아시아 지역의 모든 국가와 투명하게 소통해 경쟁이 아닌 협력을 이끌어 낼 수 있는 혁신적 접근 방식을 제안해야 한다. 안보와 국방 정책의 기반을 시대에 뒤떨어진 냉전적 대결에 두어서는 안 된다. 새롭게 나타나는 비관습적 위협에 대응하는 방식을 찾아야 한다.

이에 미 태평양사령부의 역할이 크다. 우선 동아시아 지역 내 군사 관계의 변화 가능성과 관련해 아시아 국가들 간의 대화를 이끌어 내야 한다. 대화의 시작은 군대가 기후변화 적응에 앞장서야 이뤄질 것이며, 이를 통해 태평양에는 새로운 협력 문화가 만들어질 것이다.

태평양사령부는 또한 녹색 혁명을 위한 중요한 역할을 할 수 있다. 내부적으로 100% 신재생 에너지 정책을 추진하는 것이다. 민간 경제와 분리된 태평양사령부는 모든 군용 차량을 2년 내에 전기차로 바꾸고 기지의 모든 건물에 태양전지판을 사용하도록 할 수 있다. 그렇게 된다면 군대 내에 태양전지판, 풍력 발전, 전기 배터리 등 수요가 확실한 대규모 신재생 에너지 시장을 만들어 낸 최초의 사례가 될 것이다.

이게 다가 아니다. 환태평양 해군 합동 훈련인 림팩(RIMPAC)이 이미 기반을 닦아 놓은, 군사 간 교류라는 전통을 이용해 폭 넓은 협력 플랫폼을 만들어 낼 수도 있다. 2년에 한 번씩 6월과 7월 진주만에서는 미 해군 태평양작전사령부 주관으로 림팩이 실시된다. 림팩은 국제적 군사 협력을 장려하고 동아시아 지역의 긴장을 완화해 온 성공적 프로그램으로 평가받는다. 림팩은 태평양 연안국의 해군들이 모두 모여 군사적 상호 운영성(한 국가의 작전과 무기 체제가 다른 국가에도 적용되는 것)을 촉진하고 각종 군사적 시나리오에 대비한 작전 수행 태세의 개선을 꾀한다. 림팩이 가져온 가장 중요한 결과는 실무

차원에서의 인맥 형성과 해당 지역 내 실질적인 군사 동맹이다.

2014년 훈련에는 중국인민해방군 해군이 초청되어, 중국으로서는 최초로 미국 주도의 대규모 해군 훈련에 일본 해상자위대와 함께 참여했다. 2016년 림팩에는 인도가 참여해 진정한 세계적 협력을 위한 기회를 만들었다. 사이버 전쟁이나 기후변화와 같이 복잡하고 다각적인 대응을 필요로 하는 문제를 다루기 위해서는 이와 같은 의미 있는 다자간 군사 협력이 중요하며, 우리도 이 현실을 하루빨리 받아들여야 한다.

저명한 나사(NASA)의 과학자 제임스 한센 박사가 발표한 해수면 상승에 대한 보고서에 의하면 기후변화의 위협에 대한 전 지구적 대응 방식을 구축하는 것이야말로 여러 국가의 해군들이 최우선으로 삼아야 할 사항이다.

태평양사령부는 '기후변화 림팩'을 제안해 환태평양 국가의 실무진들이 함께 지역에 대한 새로운 신뢰감을 쌓을 수 있는 훈련을 실시해야 한다. 이에 따라 군사훈련이 새로운 갈등을 초래하기보다 오히려 화합의 장이 되도록 해야 한다. 기후변화로 인한 광범위한 안보 위협을 완화하고 이에 대한 적응 대책을 마련하는 것이 '기후변화 림팩'의 목적이 될 것이다.

미군이 전략 계획에 기후변화를 고려 사항으로 삼기 시작했다고 하지만 아직 기후변화의 완화와 적응에 필요한 군대의 재정비 등 혁명적 변화에 대한 논의는 시작조차 하지 못하고 있다.

기후변화 림팩은 기후변화가 야기할 안보 문제 대응 훈련에 초점을 맞출 수 있다. 예를 들어 홍수 발생 시 대피 훈련, 재난 구호, 폭풍·홍수 복구 작업 등이 있다. 슈퍼 태풍 나르기스(2008년)나 하이옌(2013년)의 사례에서 보았듯, 향후 아시아에서는 대규모 재해에 대한 군사적 협력이 더욱 중요해질 것이다. 비단 아시아만의 일은 아니다. 비상사태에 대응하는 전 지구적 협력이 필요하다.

구조 및 구호 훈련 외에도 기후변화 림팩은 미 태평양사령부와 아시아 지역 군대 간 글로벌 경쟁을 유도해 다양한 응용 프로그램을 갖춘 친환경적 신기술의 개발을 촉진할 것이다. 아시아 지역 군대 간 긍정적인 경쟁을 유도하는 것이다.

미국 국방부의 '에너지 신뢰성과 안보를 위한 지능형 전력망 구조 시연(SPIDERS · Smart Power Infrastructure Demonstration for Energy Reliability and Security)' 프로그램은 군사 프로그램을 어떻게 친환경적으로 운영할 수 있는지 보여 주는 좋은 예다. 이 프로그램을 통해 2013년 세계 최초로 90% 재생에너지를 이용한 마이크로그리드(친환경 에너지 중심 자급자족 전력 체계) 구축 테스트를 실시한 바 있다. 기후변화 림팩에 참여하는 국가들은 태양광이나 풍력, 전기 배터리, 파워 그리드, 환경 보전의 사례, 지능 및 감시 기술의 활용 분야 등 다자간 플랫폼을 사용해 해양의 변화 상태를 감시하고 이에 대응하는 신기술 분야에서 경합을 벌일 수 있다. 이러한 노력은 결과적으로 해당 지역의 군대들이 자원을 낭비하지 않고 환경보호에 앞장설 수 있도록 하기 위한 것이다.

림팩에 초대받은 군대가 기후변화 관련 분야의 발전 사항에 대한 국제회의를 함께 개최하면 그 영향력도 더욱 커질 것이다. 가능한 주제로는 군사 정책, 재활용 관련 신기술, 에너지 효율, 물 보안, 전기 모터, 사막화 방지 등이 있을 수 있다. 이와 함께 무인도의 생태 보호 구역화로 영유권 갈등을 막을 수 있도록 전반적인 군사 협정을 마련하는 것 또한 중요하다.

마지막으로, 기후변화 림팩은 기후변화의 완화와 적응에 대한 군대의 역할 등 주제와 관련된 국제 싱크탱크를 구축할 기회가 될 수도 있다. 기후변화와 군사 분야의 관계는 앞으로 몇 년간 이목을 끌 주제이지만, 아직까지 기후변화에 대응하는 군대의 역할을 논하는 싱크탱크는 없다. 기후변화에 대한 국제적 의견은 대체로 일치하므로, 기후변화 대응의 일환으로 군사 개혁에 초점을 맞춘 싱크탱크가 등장한다면 아시아 곳곳의 군사 지도자들이 정치적 여파의 두려움 없이 얼굴을 맞대고 논의할 수 있는 자리가 될 것이다.

일본과 중국, 미국과 러시아, 사우디아라비아와 이란 등이 갈등 상황으로 치닫고 있는 바로 지금이 혼란에서 벗어나 평화를 향해 나아갈 수 있는 시기다.

기후변화 회의를
주도하는 대한민국이 되자

미국 도널드 트럼프 대통령이 파리 기후변화 협약 탈퇴를 선언하자 전 세계인들은 허탈감에 빠졌다.

조의를 표하기에 앞서 우리 모두가 이 문제에 대해 좀 더 깊이 생각해 볼 필요가 있다. 이것은 명백한 재앙일까, 아니면 국제사회의 기후변화 대응이 비약적 발전을 이룰 수 있는 역사적 기회일까? 또한 국제사회는 미국 없이도, 명목상으로나 실질적으로 지속 가능한 경제를 위해 구속력 있는 합의를 이루는 과감한 행보를 만들어 갈 수 있을까?

사실 미국 정부와 기업들은 2015년 체결된 파리 기후변화 협약이 단순한 신사협정 이상의 의미를 갖지 못하도록 하기 위해 모든 노력을 다해 왔다. 석유에 집착하는 미국은 국제사회가 현재의 환경 위기에 대처하기 위해 추진한 거의 모든 조치에 떼쓰는 아이처럼 굴어 왔다.

2015년 파리 기후변화 협약을 체결할 때, 전 세계는 환경운동가 레스터 브라운의 '플랜 B 4.0'에 따라 모든 수준에서 신재생 에너지를 신속하게 구현할 수 있는 납득 가능한 목표를 설정하고 위반 시 부과될 벌칙을 제정하는 등 새로운 시스템 추진을 위해 혁신적으로 대응했어야 한다. 그러나 파리 기후변화 협약은 혁명적 변화의 계기였다기보다, 일시적인 미봉책에 불과했다. 오히려 트럼프 정권하에 미국이 탈퇴하면서 전 세계는 궁극적으로 인류 문명의 도약을 이룰 수 있는 엄청난 기회를 갖게 됐는지도 모른다.

인류는 이제 미국 정부나 미국의 화석연료 관련 기업 또는 투자 은행의 개입이 없는 상태에서, 가능한 빨리 새로운 기후변화 회의를 개최해야 한다. 새로 개최될 기후변화 회의에서는 화석연료와 관련된 모든 이해 당사자의 참여를 금지할 필요가 있다.

나아가 새 기후변화 회의를 주도적으로 구성하고 이끌 주체는 대기업의 후원을 받는 정치인이 아닌 기후변화를 실제로 이해하는 이들이어야 한다. 지난 1945년 샌프란시스코에서 열린 국제연합(UN) 회의 당시의 진지함을 갖고, 단기적 이익이 아니라 인류의 미래를 위해 2015년의 회의와 차별화를 이루는 데 전념해야 한다.

또한 이 행사를 통해 번거롭고 다루기 불편한 '탄소 거래' 체제를 넘어, 대기오염에 대한 벌칙 부과 시스템, 신재생 에너지, 단열재, 효율 증진 등을 위해 사용할 대규모 자금을 조달할 수 있는 체제를 구축해야 한다. 가장 중요한 것은 현재의 위기를 정확히 이해할 수 있도록 전 세계가 기후변화, 에너지 및 소비에 대한 교육을 강화하는 것이다.

녹색기후기금의 본거지이자 개발도상국들이 성공적 모델로 벤치마킹하고 있는 한국에서 기후변화 회의를 개최하면 어떨까. 문재인 정부는 환경보호를 위한 새로운 공약을 선보여 왔다. 이번에 '서울 기후변화 회의'를 개최할 수 있다면, 그동안 열렸던 파리, 오슬로, 교토 기후변화 회의의 순화된 분위기에서 벗어날 수 있지 않을까. 또한 현재 위험에 처한 대다수 사람들의 현실에 더욱 가까운 주제로 기후 변화에 관한 토론의 장을 열 수 있을 것이다. 개발도상국들과 기후변화에 관련된 긴밀한 경제 및 문화적 유대 관계를 맺을 수도 있다.

또한 한국은 중국과 인접해 있고 긴밀한 경제·문화적 유대 관계를 맺고 있는데, 이는 큰 이점이다. 현재 중국은 태양광 및 풍력 에너지 사용량을 엄청나게 늘리고 있으며 오는 2020년까지 신재생 에너지에 360억 달러를 투입할 계획이다. 새로 체결될 협약에서는 신재생 에너지를 위해 장기적으로 대규모 자금을 조달하는 중국의 모델이 부각돼야 한다.

서울 기후변화 회의에 미국이 참석하지 않더라도 걱정할 필요는 없다. 미국의 개별 주州들이 독자적으로 이 협약에 가입할 수 있을 것이다. 예를 들어 2016년 기준으로 경제 규모가 세계 6위인 캘리포니아주의 경우, 이미 제리 브라운 주지사가 자체적으로 기후변화 정책을 개발하겠다고 선언했으므로 분명 관심을 가질 것이다.

나아가 미국이 미래의 주요 산업인 태양광 및 풍력 에너지 부문에서 뒤처지기 시작할 경우 서울 기후변화 협약에 참여하라는 엄청난 압력이 미국 내에서 일어날 것이다. 그러나 1인당 온실 가스 배출량이 세계 1위를 기록하고 있는 미국은 협약을 좌지우지할 것이 아니라 그에 성실히 따라야 할 것이다.

글로벌 플랫폼인
'사랑방'

온라인 소셜네트워크(SNS)는 현재의 제한적 기능을 벗어나 더 발전할 수 있는 혁명의 변곡점에 서 있다. SNS는 전 세계 젊은이들을 연결해 준다. 그러나 페이스북 등 주요 SNS 기업은 획일화된 접근법을 제공할 뿐 각 나라의 문화에 맞춘 서비스는 제공하지 않는다. 사용자들이 자신만의 콘텐츠를 창조하거나 자신만의 방식대로 참여하기가 힘든 구조다.

SNS는 다음 단계로 나아갈 필요가 있다. 우선 차세대 SNS는 국가 간 컨소시엄에 의해 다목적 공익사업으로 운영돼야 한다. 그리고 이렇게 제공된 인프라를 통해 SNS 기업들은 창조적인 콘텐츠를 만들 수는 있지만 그것을 소유해서는 안 된다.

한·중 정부를 비롯해, 각국 정부가 모인 국제적 컨소시엄은 우리 모두를 국제 시민으로 묶어 줄 수 있는 국제적 SNS 플랫폼에 대규모 투자를 해야 한다. 이것은 일개 기업이 할 수 없는 일이다.

차세대 SNS는 시민들 또는 지역 공무원들이 협력해 복합적 문제를 해결하고 이웃 환경을 개선하기 위한 수단으로 기능해야 한다. 이를 위해서는 지방정부와의 협력이 필요하다. SNS는 다양한 전문가들의 지식과 지역 주민의 의견을 통합할 수 있는 공간이어야 한다.

나는 전통적 한국 사회의 '사랑방'이 그 모델이 될 수 있다고 생각한다. 사랑방은 조선 왕조 시기 비슷한 생각을 가진 이들이 모여 지적·문화적 교류를 하던 공간이다. 현대의 사랑방은 비슷한 관심사를 공유하는 전 세계의 사람들이 모여 보다 폭넓은 교류를 하는 국제적 개념의 플랫폼으로 확장된다.

과거 사랑방의 개념을 가져온 차세대 SNS에서는 사용자들이 직접 자신의 페이지를 원하는 대로 꾸밀 수 있을 뿐만 아니라 나만의 콘텐츠를 위해 이모티콘과 템플릿을 만들 수 있고, 그 안에서만 작동할 애플리케이션을 개발할 수 있다. 또 사랑방만의 화폐를 통해 자신이 개발한 콘텐츠를 타인과 교환하거나 사고팔 수 있을 것이다. 이러한 혁신은 젊은 세대가 SNS에 쓰는 시간을 창조적 경제와 수입 창출에 기여하는 방향으로 나아가도록 한다.

현재 SNS는 경제·기술과 관련한 지적 교류를 위해서도 사용되지만 애완동물 사진이나 음식 사진을 주고받는 데 주로 사용된다. 우리는 '사랑방'에 새로운 진지함을 부여해 사회의 진짜 문제를 논하는 플랫폼으로 만들어야 한다. 또 구글과 같은 강력한 검색엔진의 기능도 포함시켜, 이를 통해 사용자들이 사업 파트너를 찾거나 비정부

기구(NGO)의 활동을 할 수 있게 해야 한다. 일례로 스타트업 회사를 차리고 싶은 한국의 고등학생은 비슷한 관심사를 가진 타국의 학생들을 찾아 파트너로 삼을 수 있을 것이다.

세련된 검색엔진은 사랑방이 글로벌 거버넌스를 위한 플랫폼으로서 지역 문제에 집중할 수 있도록 도울 것이다. 예를 들어 한국 충남의 한 시골 마을이 홍수에 대한 대비책을 연구할 때 이에 대한 정보를 같은 지방도시인 중국 양저우楊州시의 마을과 공유하거나 연구비용을 나눈다면 더욱 효율적인 연구가 가능할 것이다.

SNS 사용자 간 연결성을 시각화하는 방법도 개발의 여지가 많다. 현재 형태는 네트워크 시각화의 가장 초기 단계다. 차세대 사랑방은 사용자들이 직접 3차원적 구조를 만들어 스스로가 이해하기 쉽게 수백, 수천의 온라인 친구들을 정리할 수 있는 시각화된 네트워크 시스템을 갖출 수 있다.

가상현실을 도입하는 것도 가능하다. 사용자들은 사람들을 초대할 수 있는 3D 공간을 만들고 그곳에서 이야기를 나눌 수 있다. 공간은 집이나 마을로 확장될 수 있고 심지어는 우주도 될 수 있다. 이렇게 창조된 가상공간은 가상 커뮤니티를 더 현실감 있는 공간으로 만들 것이다. 실제로 페이스북의 CEO 마크 주커버그는 가상현실 기술을 활용한 프로그램을 개발 중이다.

차세대 사랑방은 사용자들이 생산한 자료를 체계적으로 정리해 필요한 사람들이 쉽게 찾을 수 있는 세련된 아카이브도 갖춰야 한다. 우리는 타인의 경험으로부터 질병, 사회문제, 경제, 환경에 대해 배우고 노하우를 공유할 수 있을 것이다.

　마지막으로 사랑방은 정부와 교육 기관이 세미나를 열 때 전문가들이 온라인에서 의견을 교환하는 수단이 될 수 있다. 전문가들은 이 방식을 통해 새로운 연구 파트너를 찾거나 합동 프로젝트를 시작할 기회를 얻게 될 것이다.

안정적이고 중립적인
사이버 공화국을 확보하자

근대가 시작된 것은 17세기다. 스페인·포르투갈·영국 등 유럽 국가들은 대탐험의 시대에 아메리카·아프리카·아시아의 자원을 개발하기 시작했다. 유럽 국가가 수립한 전 세계적 생산 분배 네트워크는 그들에게 압도적 우위를 주었으며 그것은 오늘날 세계적인 제조 분배 체계의 시작이 됐다.

이제 지구는 물리적인 한계에 다다랐다. 전과 달리 심각한 문제를 야기하지 않는 자원 개발은 있을 수 없게 됐다. 세계 인구가 90억을 향해 치닫고 있는 가운데 우리는 식량과 물을 확보하기 위한 경쟁에 나서야 한다.

이러한 현실에서 사이버공간의 등장은 희망적이다. 지금 세계 대다수의 사람들은 하루 중 많은 시간을 고국이 아닌 장소에서 보낸다. 바로 점점 영토를 넓혀 가는 '사이버공간(Cyber Space)'이라는 장소다. 물론 특정 국가에서 컴퓨터나 스마트폰을 이용해 접속하는 것이지만, 사이버공간은 국경을 넘어 전 세계가 공유하는 영토다.

사이버공간은 우리에게 확장, 탐험, 자아 완성을 위한 새로운 미개척지를 제시한다. 그곳은 아직 개발 초기 단계인 땅이다. 이 땅은 자신을 정의하고 체계화하라고 고함치듯 요구한다. 사이버공간은 무한한 정보를 저장할 수 있고 인터넷과 인트라넷 네트워크의 다양한 정보 출처들을 상호 연결할 수 있기에, 개인의 잠재력은 크게 확장된다.

게다가 기술의 발전으로 향후 몇 년 안에 사이버공간은 문자 그대로 '생활 공간'이 될 것이다. 이미 아이들은 사이버공간이라는 공유지에서 빌딩을 넘나들고, 산꼭대기에 오르고, 비행기를 날리고 있다.

하지만 그들이 탐험하는 사이버공간은 아직 '석기 시대'다. 관심과 우려가 비슷한 전 세계 사람들이 모여들면서 점점 커져 가는 온라인 공동체는 사이버공간을 가장 가치 있는 '부동산'으로 만들고 있다. 새로운 아이디어, 기술 등으로 무장하고 혁신을 통해 새로운 가치를 만들어 내는 사람들을 우리는 '창조적 계급'이라고 부른다. 사이버공간에서도 이러한 창조적 계급이 새로운 체계와 서비스를 위해 어떻게 협업하느냐에 따라 미래 경제의 모습이 결정될 것이다.

사이버공간의 미래를 위한 정책 협의는 아직 미흡하다. 최근에는 소니 해킹과 같은 사이버 테러가 빈발하고 있다. 사이버공간을 관할할 글로벌 스탠더드가 필요하다. 마치 남극대륙을 공동 관할하듯이 말이다. 어쩌면 인류 역사상 전례 없는 새로운 형태의 규칙이 필요할 수도 있다. 사이버공간을 위한 규칙을 정해야 새로운 제도와 제품을 창출하는 시민들을 위협으로부터 보호해 이 신천지에서 그들의 잠재력을 최대로 구현할 수 있다.

동아시아는 세계에서 인터넷이 가장 많이 보급된 지역이다. 고등교육을 받은 인구도 상당히 많다. 인터넷 콘텐츠 역시 가장 활발히 생산하고 있다. 이런 동아시아 국가들이 함께 모여 '사이버 공화국'을 창립할 수는 없을까. 사이버 공화국이란 미래 인터넷 기능이 확장될 것에 대비하는 새로운 규칙의 집합이다. 또 투명성, 사생활, 정보 공유, 네트워크의 중립성을 보장하기 위한 상호 합의이기도 하다. 이러한 미래를 위한 합의는 동아시아를 사이버 비즈니스와 연구를 위한 가장 매력적인 곳으로 만들 것이다. 이러한 과정에서 한국은 정보기술(IT)뿐 아니라 거버넌스의 모델로서 중심적인 역할을 할 수 있다.

동아시아에 사이버 공화국을 건립하는 한 가지 방법은 6자회담의 선례를 참조하는 것이다. 북한의 핵 문제를 해결하기 위해 한국, 미국, 중국, 일본, 러시아가 참가하는 6자회담은 매우 중요한 대화의 장이다. 6자회담은 2009년 이후 휴면 상태이지만, '동아시아 주요국 간 고위급 회담'이란 개념은 동아시아 사이버공간에 응용할 수 있다.

모든 이해 당사자가 참가하지 않으면 안정적인 사이버공간을 만들 수 없다. 이들 5개국이 정직하게 협상하고 전문가들이 공동 연구로 뒷받침해야 한다. 그래야 사이버공간을 공동 행정 관할 지역으로 삼을 수 있는 종합적이고 창의적인 청사진을 만들 수 있다. 동아시아 사이버공간에 대한 합의가 도출된다면 그 합의는 전 세계의 모델이 될 것이다. 사이버공간의 체계를 향상시키는 긍정적인 비전이 절실하다. 그래야 위협에 수동적으로 반응하는 현재의 태도를 극복할 수 있다.

또 사이버 공화국을 위한 6자회담을 확장하면 21세기 첩보의 본질에 대한 심도 있는 재검토가 가능해진다. 첩보 분야는 전쟁 중 은밀한 수단으로 정보를 취득하기 위해 발전했다. 하지만 새로운 정보 시대에 우리는 전례 없는 도전에 직면하고 있다. 새로운 체계를 만들어야 안정적이고 중립적인 사이버공간을 확보할 수 있다. 투명하고 일관성 있는 원칙에 따라 정보를 보호하는 복합적인 체계 범위에 대한 합의를 도출해야 한다. 그런 역할을 수행할 원칙과 비전에 충실한 정보기관을 만드는 것이 우리 시대의 주요한 도전이다.

IT시대,
'필담' 전통의 부활

아시아 전역의 전문가들이 국제회의 참석차 모일 때가 있다. 아마 대부분은 정부 장관, 교수나 사업가일 텐데, 서로 어색하게 악수를 하고 서툰 영어로 가볍게 인사를 나누다가 성급히 대화를 끊고 멀어지기 일쑤다. 이런 모습을 목격할 때마다 머쓱해진다.

전문가들이 한 장소에 집결하는 데 필요한 항공료과 호텔 숙박비는 엄청나다. 그러나 이렇게 비싼 경비를 들여 모였음에도 진지한 대화는 거의 오가지 않는다. 공유할 수 있는 다양한 지식과 경험이 있는데도 말이다. 정부나 기업이 마련한 화려한 행사에서도 마찬가지다. 전문가들은 도착했을 때와 마찬가지로 서로를 전혀 알지 못한 채로 돌아간다. 비싼 식사를 함께 한다고 추후 협력을 약속하거나, 동석한 다른 전문가와 지식을 나누게 되는 것은 아니다.

국제 정상회담과 회의에 참석하는 아시아 전역의 대표들에게 시간제한 없이 진지하게 대화할 기회가 생긴다면, 방대한 양의 지식을 주고받을 수 있을 것이다. 예컨대 다른 나라의 전문가들이 자국에서 어떤 방식으로 혁신적 행정을 실행하는지 배우고, 그 방식을 채택해 사용할 수 있다. 혹은 생산성을 크게 향상시키는 제조업 관련 신기술 사례도 알 수 있다.

깊이 있는 정보의 교환은 와인을 마시며 짧게 자기소개만 하는 정도의 자리에선 절대 이뤄질 수 없다. 단순 정보 교환을 넘어 심오한 대화로 이어질 수 있는 환경이 갖춰져야 한다. 그런 환경을 조성하기 위해서는 몇 가지 조치가 필요한데, 예를 들어 다양한 나라 출신의 전문가들로 팀을 구성해 긴장을 풀고 서로를 알 수 있는 여러 가지 활동을 하는 것이다.

유감스럽게도, 아시아 지역의 기업들은 긴장을 풀고 서로를 알아가기 위해 술을 마셔야 하는 문화를 갖고 있다. 그러나 어쩌면 함께 '호흡 운동'을 하는 것이 독한 술을 진탕 마시는 것보다 훨씬 도움이 될 수 있다. 편안한 환경을 만들기 위해 함께 등산을 하거나, 파이를 굽거나, 노래를 불러도 좋다.

사실 미래의 협력을 위해 굳이 직접 대면하는 모임을 가질 필요는 없다. 온라인상으로 글을 주고받는 것, 예컨대 진중한 의도를 갖고 인터넷 채팅을 하는 것만으로도 괜찮다. 한 번도 만난 적 없는 사람과 채팅할 때, 실제 누군가를 만나서 얘기할 때보다 더 깊이 있는 대화가 이루어지는 경우가 많다.

물론 온라인에서 성공적으로 글을 교환하기 위해선 기본적으로 대화의 중요성이 참가자의 마음속에 각인되어 있어야 한다. 아쉽게도 아직 대부분의 온라인 정보 교환은 피상적인 형태로 한정돼 있다. 때문에 그에 따른 결과도 한정적일 수밖에 없다. 하지만 참가자들이 '채팅'의 중요성을 인식하게 된다면, 상당히 잠재력 있는 대화가 이뤄질 것이다.

오늘날 초고속 광대역의 정보 통신 서비스에도 불구하고, 오히려 18세기 중국과 일본, 한국 지식인들 사이에 더 깊은 담화가 오고 갔다는 사실은 아이러니다. 당시 외교적 자리에서 만난 3국의 전문가들은 중국 문자언어인 한문으로 글을 써 '필담筆談'을 나눴다. 근대 이전 시기 외교, 사회, 철학, 문학에 관한 문제를 논의하던 3국간 서신 역시 사소한 뉘앙스를 놓치지 않았으며 창의적 문제 해결 방법이 드러나 있었다.

20세기 전까지 동아시아 국가의 학식 있는 사람들은 모두 한문을 알았다. 이들은 고도의 지적 대화를 나눌 수 있을 정도로 한문에 대한 깊은 지식과 구사력을 갖추고 있었다. 오늘날 동아시아의 경우 영어에 대한 해박한 지식을 가진 이들은 많지만, 깊이 있는 대화가 가능한 정도의 영어를 구사하는 이들이 많다고는 볼 수 없다.

따라서 한국, 중국, 일본, 미국 등의 주요 인사들이 온라인상에서 고품질로 번역 가능한 토론을 할 수 있는 환경이 필요하다. 한국, 중국, 일본에서 온 전문가들이 주어진 주제에 대해 온라인 토론을 시작하면, 온라인상의 전문 번역가들이 그들의 말을 즉각 두 가지 언어로 번역한다. 그런 다음 번역된 포스팅이 다른 전문가들이 사용하는 페이지에 게시되는 방식을 생각할 수 있다. 실시간 번역은 각국의 인사들이 온라인상으로 진지한 주제에 대해 막힘없이 의사소통할 수 있는 토론 환경을 제공할 것이다. 결과적으로 각자 자신의 모국어를 사용하면서 거의 동시에 3가지 이상의 언어가 사용되는 온라인 토론이 가능해지는 것이다.

또 소위 온라인 '비동기非同期 학술토론회'는 일주일 이상 열릴 수 있다. 경우에 따라 회의를 기사화하여 일반 대중에게 공개하거나 토론 내용을 리포트로 출판할 수 있다.

이 방법의 또 다른 장점은 실제 정책 입안자를 토론에 포함시킬 수도 있다는 것이다. 대개 외교 행사들은 정치적으로 영향 있는 사람보다 단순하게 영어만 잘하는 이가 행사를 주도할 때가 많다. 비동기 학술토론회는 주요 정치가와 정책 관련자가 깊이 있는 서면 대화에 적극적으로 참여하는 환경을 조성할 수 있다. 이런 비동기 학술토론회가 활발히 진행된다면 각국의 정책 입안자들은 지속적으로 온라인상에서 문자를 주고받으며 의사소통을 하고, 장기적으로 의미 있는 협력을 도모할 수 있다.

현존하는 정보 통신 기술에 의존한 온라인상 토론은 시급하고도 핵심적인 사안에 효과를 발휘할 중요한 도구가 될 수 있다. 그리고 이러한 과정에서 비로소 새로운 형태의 학문과 외교가 태어날 것이다. 과거 아시아에서 유행되었던 전통 필담을 부활시킴으로써 말이다.

핵무기보다 더 위협적인
북한의 사막화

내가 여기서 말하고자 하는 위협은 북한의 대포동 대륙간 탄도미사일(ICBM) 시스템이나 무수단 또는 노동 미사일이 아니다. 북한이 팽팽한 외교 전술의 한 방편으로 포기하지 않는 핵무기 실험에 대해서도 언급하지 않을 것이다.

비록 동북아시아에서 진행 중인 군비 확장 경쟁의 위험이 심각하기는 하지만, 인류는 잠재적으로 더 커다란 재앙을 가져올 수 있는 또 다른 위험에 직면하고 있다. 우리는 그에 대한 전략적인 대비를 시작해야만 한다.

이 '위협'이란 바로 무리한 벌목과 토양의 오용, 무책임한 농사 관행 등의 결과로 나타난 북한 토양의 사막화와 반사막 지대다. 이러한 생태학적 사각지대에서는 식물이 생존하거나 번식하는 것이 거의 불가능하다. 사막화가 진행될수록 생태학적 참사는 한국 등 인근 지역

전체에 돌이킬 수 없는 악영향을 끼칠 것이 틀림없다.

서울대학교 김승일 교수는 지난 20년간 북한에서 1백만 헥타르 이상의 삼림이 훼손됐으며 거의 회복할 수 없을 정도로 토양이 망가져, 그 결과 매년 끊이지 않는 홍수와 가뭄이 일어나고 있다고 말한다. 북한의 사막화 위기는 아시아 전역에 만연한 징후다. 이런 추세로는 아프리카보다도 더 빨리 아시아의 사막화가 진행될 것이다. 아시아에선 현재 해마다 50만 헥타르에 이르는 토지가 사막화로 손실되고 있으며, 중국에서는 총면적의 27%에 이르는 약 262만 헥타르의 토지가 회복할 수 없을 정도로 사막화됐다. 중국 북동 지역의 사막에서 날아오는 황사는 이미 오랫동안 서울의 골칫거리였다. 이제 황사는 일본까지 덮치고 있다. 중국발 황사는 근접 국가의 생태계와 사람들의 건강에 심각한 위협을 끼치는 현실적인 재앙이다.

북한의 사막화는 군사적 위협과는 대조적으로, B-2 스텔스 폭격기나 미사일 방어체계 같은 방법으론 멈출 수 없다. 또한 이런 환경적 위협은 북한을 단순히 고립시키는 조치로도 해결할 수 없다. 국제사회의 장기적 협력이 필요하다.

따라서 국제사회는 이러한 환경적 위협을 해결하기 위해 북한의 정부, 조직 단체, 주민들과 교류하고 기꺼이 전문 지식과 기술을 제공해야 한다. 환경 파괴가 계속되도록 북한을 외면해서도 안 된다. 사막화로 초래하는 생태계의 불안정화는 국경을 초월한 문제다.

다시 한 번 말하지만, 북한에 대한 국제사회의 제재 때문에 동아시아의 사막화 확산 방지라는 공통의 문제가 간과돼선 안 된다. 북한의 위험 요소는 핵무기에 있지 않다. 궁극적으로 우리에게 피해를 가져올 것은 북한 땅의 사막화다. 효과적인 환경 정책 등 기후변화 위협에 대한 대응책을 북한에 알리는 것, 그것이 북한 관련 이슈에서 우리가 가장 먼저 고려해야 할 사항이다.

중국이나 몽골과 마찬가지로 북한은 사막화 문제를 기술적으로 해결할 전문가가 부족하다. 특히 북한 내 지역 농부들은 여전히 난방과 생활을 위해 벌목이 불가피한 실정이다. 선진국에서 벌목을 대신할 난방 시설을 제공한다든지 하는 방식으로 전문 지식과 자원을 제공해야 한다. 무엇보다 선진국들이 자국의 극단적인 소비문화를 바꾸는 데 노력을 기울여야 한다.

선진국의 소비문화는, 서울이든 뉴욕이든 궁극적으로 지구 전반의 사막화를 확장한다. 개발도상국의 국민들은 매일 TV 앞에 앉아 향락적 소비문화에 익숙해지고 있다. 북한이든 캄보디아든 다르지 않다. 수입을 조금이라도 늘리기 위해 무리한 농업, 산림 벌목 등이 자행되고 있고, 이는 엄청난 환경 위기를 초래하고 있다. 토양 훼손의 재앙은 500년 이상 지속될 수 있다.

무리한 개발과 오남용으로 인한 사막화 방지를 위해 체결된 국제연합 협약인 사막화방지협약(United Nations Convention to Combat Desertification)은 앞으로 6자회담에서 중심적 역할을 해야 한다. 또한 미국은 국가 차원에서 국제적 핵무기 확산 방지와 같은 중요도로 사막화 사안을 다뤄야 할 것이다. 특히 미국은 북한, 한국, 몽골, 중국의 사막화 확산을 고려해 북한의 위협에 대한 대응 방식을 변경할 필요가 있다. 냉전 시대는 끝났다는 분명한 사실을 인지하고, 한반도의 진정한 위협이 무엇인지 직시해야 한다. 한반도의 생태계 복구는 한반도의 정치적 통일보다 훨씬 더 오랜 시간이 걸릴 사안이기 때문이다.

미국의 오바마 전 대통령이 중국과 함께 세계적 환경문제 및 사막화에 대한 대책을 마련하겠다고 한 선언은 희망적이었다. 하지만 트럼프 정권하에서 기후변화 문제는 더 이상 중요한 사안이 아니다. 중국은 이미 기후변화 대책 마련에 있어 리더가 됐다. 어쩌면 이를 계기로 중국이 세계 경제의 리더가 될지 모른다.

3 부

행동하는 국민,
새로운 가치관을
세우자

'왜'라고 묻지 않는
충동 소비

일전에 문구점에서 펜과 연필, 프린터 용지 등을 사기 위해 줄을 선 적이 있다. 계산대 근처에는 현란하게 포장된 캔디바, 사탕, 초콜릿 무더기가 진열돼 있었다. 순간 '문구점에서 불량식품이 이렇게 눈에 띄는 이유가 뭐지?' 하고 생각했다.

답은 뻔하다. 캔디바, 초콜릿은 문구류와 아무 상관없지만 제일 잘 보이는 곳에 배치되어야 한다. 그것은 다만 고객들이 충동적으로 살 만한 물품이기 때문이다.

15년 전 한국에는 캔디바를 쌓아 놓는 문구점이 없었다. 그때의 문구점은 최소한 사무나 학습용 종이와 펜 등 문구류를 공급한다는 뚜렷한 목표가 있었다. 하지만 지금은 모든 게 바뀌었다. 문구점은 사람들을 유혹해 그들이 필요하지 않은 물건을 사게 한다. 비즈니스가 성공하려면 충동 구매가 필요하다는 인식이 만연해졌다.

이 같은 원칙은 대형, 소형 서점에서도 발견된다. 학생들이 정치·문학·철학 관련 책을 몰입해 읽던 자리의 일부는 인형, 백팩, 팬시품 등 소품을 판매하는 매장으로 채워졌다. 레스토랑들도 외부에 맛있는 음식 사진을 넣은 간판을 내걸고 있다. 우연히 레스토랑 앞을 지나는 행인들의 식욕에 호소하기 위해서다.

우리는 '뉴노멀'을 수용했다. 오늘의 경제는 사람들에게 필요하거나 사회에 이로운 것에 초점을 두지 않는다. 대신 사람들의 가장 원초적인 욕구를 자극해 충동적으로 물건을 사도록 유도한다. 그런 식으로 돈을 벌어들이는 것이 뉴노멀의 전제다. 구매 물품이 구매자에게 진정 필요한 것인지는 고려 대상이 아니다.

충동적 행위나 단기적 만족을 경제의 원동력으로 삼는 것은 위험하다. 그러다 보면 인간은 원초적 갈망이나 허구적 욕구의 만족 말고는 자신의 활동에서 더 큰 의미를 찾을 수 없게 된다. 인간은 자신의 행동에서 어떤 상위의 윤리적 목표도 찾을 수 없는 그저 그런 소비자로 전락한다. 보다 위대한 국가적 계획은 더 이상 없다. 소비자들 역시 미래에 대해 생각하지 않는다. 그들을 노리고 영업하는 이들은 이윤 추구 외에는 관심이 없다.

경제에 대한 원초적 접근법은 밖에서 수입된 것이기 때문에 한국 문화와 맞지 않는다. 한국의 핵심적 가치는 인내, 자제, 겸손, 그리고 절제된 의복이나 일상생활에서 발견되는 검소함이다. 전통 사회에서는 부유한 집안도 절제의 문화를 실천했다. 아무리 잘살아도 유럽 부유층처럼 으리으리한 대저택이 아닌 비교적 평범한 가옥에서 살았다. 근검절약을 강조하는 전통적 한국인들은 밥 한 톨도 아꼈으며 쉽사리 무언가를 내다 버리지 않았다. 한국의 미학에서 핵심 자리를 차지한 것은 꾸밈없는 소박한 물품들이었다.

충동 경제의 비극은 단순히 불필요한 낭비에 국한되지 않는다. 진짜 심각한 것은 사람들의 삶에서 '왜'라고 묻는 감각이 사라진 것이다. 현대인들, 특히 젊은이들은 그저 남의 행동을 모방한다. 그들은 소비자일 뿐 시민도 가족 구성원도 아니다. 인과관계에 대한 이해도 궁극적으로 붕괴된다. 사람들은 모든 일이 그저 우연히 발생한다고 느낀다. 자신의 행동과 벌어지는 일들 사이에 어떤 관계가 있는지 모른다.

대신 젊은이들은 소비하라는 압박에 시달린다. 왜 자신이 소비하는지조차 모른 채, 사회적인 압력이나 마케팅에 의해 소비를 강요받으면서도 정작 소비를 통해 만족을 얻지도 못한다. 의미 있는 친구나 소유물이 사라진 가운데 개인은 점점 더 고독해진다.

충동을 기반으로 하는 경제에는 더 큰 어둠이 내재돼 있다. 충동 경제는 문화적 퇴폐주의를 부추기기 때문이다. 퇴폐주의는 보수와 진보를 따지지 않고 사회 곳곳의 모든 측면에 스며든다. 옳고 그름을 가려내거나, 더 나은 사회를 구상하거나, 도덕적 판단을 할 수 있는 능력을 퇴보하게 한다. 우리는 독립적으로 생각하고, 행동을 통제하고, 사회문제에 대응하는 능력을 상실했다. 우리는 더 이상 한 사회의 '구성원'이 아니다.

한국의 젊은 세대는 모순적 사실을 이해하는 데 필요한 인내력이나 자기 통제력이 결여될 것이다. 편의적인 허구와 복합적인 진리를 구분하는 능력도 상실할 것이다.

우리는 사회의 미래를 상상하고 능동적으로 미래 목표를 위해 행동하는 능력을 잃어버릴 위험에 빠져 있다. 불필요한 사치가 극단적인 수동성을 유발하는 가운데, 우리는 이해 불가능한 방식으로 전개되는 사회에 끌려다니는 자신의 모습을 발견하게 될 것이다. 그러므로 우리에게 필요한 것은 소비에 저항하는 것, 소비를 종용하는 문화에 저항하는 것이다.

친환경적인 삶을
살아 보자

우리는 환경에 대해 말할 때 주로 북극곰이나 빙하 등 일상생활과 접점이 없는 일에 대해서만 거창하게 이야기한다. 이것은 환경문제가 일상적 실천이 아니라 전문가들의 몫이라는 인식을 준다. '그린피스'와 같은 환경 단체의 행동을 기대하거나 부유한 자들 혹은 고위 공직자들이 움직여야 혁신적인 변화가 일어나리라는 느낌을 주기도 한다. 일상생활의 환경문제를 다루는 실질적 정보는 접하기 힘들다.

한편 TV에 출연한 교수나 고위 공직자들은 의미 없는 정보들을 전달하며 그릇된 인식을 심어 주고 있다. 고위 교육기관에서 전달하는 지식에 윤리적 판단이나 구체적인 실천 지침이 결여돼 있다면 그것은 죽은 지식이다.

사실 인구의 폭증이나 사막화, 수질오염, 해양 생태계, 농업 위기와 대기오염 등 문제를 개선하기 위해 모든 단계에서 급격한 변화가 필요한 건 아니다. TV에서 전문가들은 지나치게 경직된 자세로 문제 개선을 위해 실질적으로 필요한 일들과는 거리가 먼 이야기들만 반복한다. 국제기관들은 가장 기초적인 일조차 외면한다. 그들은 자신들의 편익을 위해 후대의 안위는 안중에도 없이 환경을 소비하는 데만 관심을 갖는다.

진정한 변화를 가져오는 데 필요한 것은 작은 실천이다. 일상에서 실천할 수 있는 아주 단순한 실천 말이다. 그 실천을 위해서는 군이 앨 고어의 기후 정책이 필요치 않다. 다만 용기와 상상력이 필요할 뿐이다. 근사한 식당에서 값비싼 식사를 즐긴다든가 좋은 차를 끌고 다니는 것으로는 행복을 얻을 수 없다는 뜻이다. 무언가를 소비하는 식으로 자신의 욕망을 채우려 하면 오히려 행복과는 계속해서 멀어질 것이다. 욕망에만 매달리면 끊임없이 변죽을 울리며 강박적으로 욕구 충족에 몰두하게 되고, 자기 자신에게 집중할 수 없다.

근본적인 문제는 자유가 결여돼 있다는 데 있다. 우리는 자신의 삶에서 아무것도 스스로 결정하지 못한다. 대개 미디어나 주변인이 주입한 관념을 받아들인다. 이런 상태에서 행복을 찾기란 힘들다.

우리는 설령 가진 것이 아무것도 없다고 해도, 진실로 뭔가를 알아내고 스스로 판단하려 할 때 비로소 자유로워진다. 값비싼 식사나 크고 좋은 집에서 사는 것으로는 찾을 수 없는 행복감을 얻을 수 있다. 그리고 결국에는 값비싼 음식의 소비와 사치스러운 생활이 환경뿐 아니라 다른 누군가를 희생시켜 얻는 대가임을 알게 될 것이고, 양심적으로 그런 생활에서 멀어지게 될 것이다.

일상생활에서 환경을 위해 실천할 수 있는 것들에는 여러 가지가 있다. 어떤 것은 간단하고 어떤 것은 좀 더 노력이 필요한 일들이다. 아울러 이와 관련한 현실적인 의제도 제안하려 한다. 모두가 함께 변화에 동참하려는 용기를 갖고 친환경적인 삶에 관심을 기울인다면 변화를 위한 힘을 키울 수 있다.

이런 점에서 주변의 친구들, 부모, 이웃과 정보를 공유할 필요가 있다. 물론 특정한 행동 지침을 요구받는 것은 부담스러운 일이다. 그러나 반복적으로 지속하면 하나의 현상으로 자리 잡을 수 있다. 자신뿐 아니라 주변의 여러 사람들이 함께해야 한다. 현상으로 자리한 행위는 시민의 공적 영역을 조성한다.

많은 경우 일상의 구체적인 장소에서 뭘 해야 하는지에 대한 인식부터가 부족하다. 따라서 변화가 필요하다는 인식만큼 그것이 어떤 변화여야 하는지에 대한 뚜렷한 합의가 필요하다. 이것은 결국 환경전문가 제임스 구스타브 스페스가 일찍이 지적한 대로 '문화 운동'이 되어야 한다. 그는 저서 《미래를 위한 경제학(The Bridge at the Edge of the World)》에서 이렇게 말했다.

"환경문제에서 가장 중요한 주제는 생물종의 다양성 감소, 생태계의 붕괴, 그리고 기후변화라고 줄곧 생각해 왔다. 나는 30년이면 과학이 이런 문제들을 중대하게 다루리라 예상했다. 하지만 지금 와 생각건대 중요한 주제는 이기심과 탐욕, 무관심이고 환경문제를 위해 필요한 건 문화적, 정신적 변화다."

삶의 모든 순간순간, 우리는 소비문화의 긴장 상태 속에서 투쟁

중이다. 환경과 사회를 빠른 속도로 파괴하는 소비문화에 갇혀 있는 것이다. 타인과 환경을 소비의 대상으로 여기며 지금의 소비문화에 대한 비판적 태도를 갖추지 못할 때, 우리는 항상 문제 상황에 놓이게 된다.

그래서 어릴 때부터 소비문화의 위험성에 대한 교육이 필요하다. 인간을 협소하게 해석하는 위험성에 대한 경고의 메시지가 우리가 읽고 보고 듣는 모든 미디어에서 반복돼야 한다. 삶에는 여러 의미가 있지만 적어도 소비는 삶의 의미가 될 수 없다. 주변인들과의 대화에서 소비주의와 그 폐단을 화제로 삼을 수도 있으며, 세미나와 심포지엄 등 지식 기반의 활동 혹은 여타 새로운 주체를 세우는 공동체 활동에서 지금의 소비사회가 불러올 위험성을 주제로 삼을 수도 있다. '대화 문화'를 기반으로 하는 사회를 위해 상상력을 발휘해야 한다. 이 같은 실천은 지금 바로 시작돼야 한다.

1. 우선책은 재사용, 차선책은 재활용

모든 생산공정은 제품의 재사용이 용이하도록 하는 데 우선순위를 둬야 한다. 여러 부품으로 이뤄진 제품이라면, 반드시 부품을 분리해 각기 재사용이 가능하게 해야 한다.

지금도 재사용이 필요하다는 주장은 일상생활 어디에서나 접할 수 있다. 하지만 사용한 모든 제품을 재사용을 위해 수집해야 한다는 움직임은 아직 부족하다. 재사용 관련 시설도 미비하고, 재사용에 대한 구체적이고 명확한 설명도 충분치 않다.

게다가 현재 분리수거하는 병이나 캔은 그대로 '재사용'하기보다 다른 산업의 생산 원료로 '재활용'되는 경우가 많다. 사용 후 재가공된 생산 원료는 가치 있는 것이 되기 어렵다. 석유에서 추출된 플라스틱은 재가공 과정에서 벽돌이 되기도 하는데, 사실 벽돌은 다른 원료로도 생산이 가능하다. 이런 모든 생산공정은 순환적인 성격과는 거리가 멀다. 재생용지의 경우 매립하는 것보다는 낫지만, 재생용지가 애당초 사용된 만큼의 몫을 해내진 못한다. 때문에 그보다는 종이 사용을 가급적 줄이는 편이 낫다.

많은 경우 재활용에는 뚜렷한 제약이 있다. 플라스틱과 같은 제품은 복잡한 논의를 거칠 필요 없이 사용을 금지하는 편이 낫다. 이런 제품은 활용 범위는 제한적이지만, 그 해악은 제한적이지 않다. 그러므로 꼭 필요한 경우가 아니라면 애당초 생산 자체를 줄이는 편이 좋은 방안이다.

몇 번 쓰고 버려지는 제품의 생산을 규제하는 엄격한 규율과 함께, 적어도 몇십 년 이상 사용할 수 있는 견고한 제품의 생산이 필요하다. 제품의 원료는 가급적이면 지역 내에서 조달하는 것이 좋다.

결국 재사용과 재활용은 윤리적 이슈다. 물론 비윤리적인 행위에 대한 자각 없이 일회용품을 사용해선 안 되겠지만, 이처럼 높은 윤리적 기준에 모두가 따를 수는 없다. 그러나 우리 스스로가 하나의 사례를 만든다는 생각으로 환경적 삶을 실천하고, 환경 파괴와 자원 낭비를 일삼는 소비문화에 대한 경각심을 일깨울 수 있다면 그 자체로 변화를 위한 하나의 진보다.

2. 지속성 있는 제품 생산

완전한 재사용 사회를 만드는 첫걸음은 지속성 있는 제품을 생산하는 것이다. 신발과 모자는 20년 이상, 셔츠나 바지는 10년 이상 착용할 수 있어야 한다. 탁자, 의자, 자기, 냄비, 펜 등도 디자인이 좋고 잘만 만들어진다면 지금보다 한결 오래 사용할 수 있다. 일회용 펜은 법으로 금지하고 잉크만 충전하면 계속 쓸 수 있는 펜만 생산과 판매를 허용해야 한다.

지속성 있는 제품 생산을 위해서는 근본적으로 두 가지 변화가 필요하다. 첫째, 중고 시장과 기부 문화를 활성화해야 한다. 가령 옷이나 가구 등을 판매하는 중고 시장이 마련되려면 적절한 수요가 있어야 한다. 중고 제품을 구매하는 일은 가난 때문이라기보다 환경을 위한 윤리적 행동이다. 만일 두 살 난 아이가 있다면, 그 아이는 몇 달 내에 지금 신는 양말을 신을 수 없을 정도로 자랄 것이다. 그렇다고 안 맞는 양말을 미련 없이 버리는 건 너무 아까운 일이다. 아이 양말을 족히 10년은 유지될 만한 원료로 만들고, 아이가 더 이상 신지 못하게 된 양말은 중고 시장에 내놓아 쉽게 팔 수 있는 체계가 마련돼야 한다. 이런 중고 시장 체계는 지역민들의 수입에도 도움을 준다.

지속성 있는 제품을 생산할 때 필요한 다른 한 가지라면, 제품의 가치를 20년 정도로 줄잡아 매기는 일이다. 가령 신발 한 켤레를 20년 정도 신을 수 있다면 무엇보다 신발 가격이 문제다. 이럴 경우 '소액 금융 재단'을 통해 합리적 가격을 지불하고 구매한 후 신발을 신는 동안 소액 결제로 나머지 금액을 채우는 식으로 처리할 수 있다.

바지 한 벌에 500달러 정도 한다면, 100달러에 구매한 뒤 15년간 다달이 2달러씩 할부로 지급하는 식이다. 이런 금융재단의 운용이 어렵지 않게 이뤄져야 하고 은행의 이익보다 소비자들이 적정 가격에 좋은 제품을 장기적 안목으로 구매하는 데 역점을 둬야 한다. 분실이나 손상에 따른 스트레스를 받지 않도록 소액 보험과 같은 시스템도 필요하다.

이 같은 변화는 문화의 문제다. 물건을 오래 쓰는 새로운 문화를 일궈 낼 수 있다면, 보존을 우선적이고 윤리적으로 보는 새로운 습속과 가치가 만들어질 것이며, 사람들은 소유물을 소중히 여기고 관리하는 법을 배워 오랫동안 그것들을 보존하려 할 것이다. 우리는 소비의 문화를 넘어 보존의 문화로 나아가야 한다. 이런 변화는 '보수적'이란 어휘에 담긴 정직한 의미를 실천하는 문화를 불러올 것이다.

3. 모든 것을 수리할 수 있는 체계

수리할 수 없는 것이라면 음식이나 의약품을 제외한 모든 제품의 생산을 금지해야 한다. 이를 위해 주방 용품, 옷, 가구, 자전거, 카메라 등 생산품의 수리와 복구를 위한 분야를 마련할 필요가 있다. 펜이나 스테이플러와 같은 사소한 물건이라도 쉽게 수리할 수 있도록 생산 공정과 디자인이 바뀌어야 한다. 고장 난 제품을 함부로 버려선 안 된다. 이것을 실현하기 위한 첫걸음은 다음과 같다.

1) 모든 전자기기와 기계는 작은 부품의 교환이 가능하도록 법적으로 보장할 것. 자전거, 토스터, 컴퓨터, 카메라 등의 모든 부품은 생산한

회사와 관계없이 호환 가능할 것.

2) 집에서 스스로 수리하는 일을 미덕으로 여기는 공교육을 구축할 것.

3) 수리에 필요한 기술 교육 프로그램의 접근성 강화, 즉 모든 시민이 쉽게 배울 수 있도록 할 것.

4. 환경 친화적 위생 방안

마트나 식당, 병원 등 공공장소에 저렴한 비용으로 설치할 수 있는 환경 친화적 위생 시스템의 개발도 필요하다. 마트에 가보면 필요 이상으로 포장한 음식물이 넘쳐난다. 의약품이나 다른 제품도 마찬가지다. 굳이 그렇게 하지 않아도 충분히 위생 상태를 유지할 수 있는 방안이 많은데도 그렇다. 물건의 위생을 위해 여러 겹으로 랩을 싸야 한다는 생각은 오해다. 이런 그릇된 위생 정보를 바로잡을 수 있는 교육 활동을 통해 불필요하게 환경을 훼손하는 시장의 습속을 개선할 필요가 있다.

솔직히 랩으로 감싸고 밀봉하고 묶는 일이 얼마나 필요한가. 세균을 방지한다는 명목하에 안팎으로 화학 약품과 플라스틱을 이용해 포장한 제품은 그 자체로 환경에 재앙이다. 또 때로는 제품 자체에도 악영향을 미친다. 불필요한 자원 낭비를 반복할 것이 아니라 원시 시대와 같은 이전 시대로부터 자원을 덜 소비하면서도 효과적으로 위생을 지키는 방법을 배우는 편이 좋겠다. 아주 적은 양의 물로도 식기를 닦고 샤워를 하는 방법이 있지만, 오늘날 그런 방식을 추구하는 사람은 거의 없다.

5. 나무 세 그루를 베어야 한다면, 적어도 나무 한 그루는 새로 심자

의례적 식수는 전 세계의 녹지 파괴 현상을 막는 데 조금도 기여하지 못한다. 이 사실을 모르는 이는 없지만, 우리는 매번 그런 행사에 기꺼이 속아 준다. 무역 분야에서도 마찬가지다. 부유한 국가에서 가구 제작을 위해 인도네시아나 태국산 목재를 수입하는 일은 가까운 곳에서 나무를 베어다 쓰는 것보다 반윤리적이다.

이제 속임수를 멈추고 전 세계적 문제인 녹지 파괴의 실상을 직시하자. 법적으로 세 그루의 나무를 베었을 때 적어도 한 그루의 나무를 다시 심도록 하는 방안을 마련하면 어떨까. 또한 $1m^2$의 흙이 빌딩으로 덮이면, 다른 곳에 꼭 그만큼의 흙이 보존되도록 하는 방안도 좋을 것이다.

자연에 해가 되는 일이라면 엄격히 제한하고 장기적 안목으로 녹지를 지키는 목표를 세워야 한다. 이 목표는 지속적인 실천이 세상을 변화시킨다는 것을 뚜렷하게 인식했을 때 비로소 달성 가능하다. 아직 지구에는 나무를 심고 녹지를 조성해 대기의 탄소량을 줄일 수 있는 여지가 충분하다. 하지만 녹지 조성을 위한 장려책은 미비하다. 사용하지 않는 건물은 과감히 철거하고 녹지로 조성하는 정책이 필요하다. 녹지를 훼손해 건물을 새로 세우는 일도 금지해야 한다.

6. 환경지수 도입

시민사회는 정부 기구에 환경 훼손에 따른 손실을 경제적 측면에서 분석한 실질적 지수를 요구해야 한다. 이 지표는 주 단위로 이뤄져야 한다. 대기오염, 수질오염, 토양오염 등이 특정 정책이나 프로젝트의 결과라면 경제 지표상 이는 손실로 계산돼야 한다.

환경지수는 국내환경지수(GDE · Gross Domestic Environment)와 국제환경지수(GGE · Gross Global Environment)가 함께 평가돼야 한다. 이런 지수들을 일정 주기로 갱신해 시민들에게 알려야 한다. 이 같은 지수는 미국 예일대의 환경평가지수 모델보다 정교하고 복잡한 업그레이드형 지수가 될 것이다.

국내환경지수와 국제환경지수에는 지역별 지수, 국내 총지수, 국제 총지수가 모두 포함돼야 하며 단기 지수와 장기 지수, 상황 추이 지표까지 있어야 한다. 새롭게 마련될 환경지수는 신뢰할 만한 체계로 구축되어 오늘날 국내 총생산과 같은 권위를 지녀야 한다. 막대한 환경 파괴를 손실로 간주하지 않아 장기적·실질적으로 우리에게 도움이 되지 않는 현재의 그릇된 통계 수치와 경제 수치는 과감히 버려야 한다.

7. 에너지 표시 의무화

우리는 일상적으로 얼마나 에너지를 낭비하는지 모른 채 살아간다. 주위를 둘러보면, 우리가 사용하는 에너지가 환경을 어떤 식으로 파괴하는지는 고사하고 후대에 어떤 영향을 미치는지조차 제대로 알려 주는 지표가 없다. 모든 사람이 자신이 일상적으로 사용하는 에너지의 총량과 사용 행태를 자각할 필요가 있다. 냉장고나 텔레비전, 컴퓨터, 샤워기를 비롯한 모든 물건에 정확한 에너지 소비량과 에너지 가치를 표시하는 화면을 장착해야 한다. 모든 공공 빌딩에도 빌딩 내 에너지 소비 정보가 표시되는 전광판을 설치해야 한다.

물론 현재도 불필요한 에너지 낭비를 방지하는 전원 관리 모니터가 이용되고 있으나 이제는 법적으로 의무화해야 한다. 에너지 화면 표시는 모든 기기의 효율성을 고려해 장착해야 하며, 에너지 효율 표준을 만족시키지 못하는 제품은 생산을 제한해야 한다.

8. 스스로 에너지를 생산하고 판매하자

현재 우리는 개인이 사용하는 기기에 직접 에너지를 생산해 공급하는 장치를 이용하기 어렵다. 기술적으로 그리 복잡한 과정이 필요하지 않음에도 말이다. 우리는 어쩔 수 없이 전력을 생산하는 대기업의 수동적인 에너지 소비자일 뿐이다.

대안은, 개인이 직접 필요한 에너지를 소량 생산하고 서로 판매하는 시스템을 개발하는 것이다. 완전히 개별적이기보다 커뮤니티 단위로 모든 이들이 미량이나마 에너지 생산에 참여하고 추후 필요한 전력을 축적하고 판매도 가능하게 해야 한다. 태양광 패널을 설치하거나 자전거를 두어 시간 타는 정도로도 소액이나마 수입이 생긴다면, 사람들에게 충분히 동기부여가 될 수 있다. 이미 하와이에서는 이같은 시스템을 실행 중이다.

9. 중산층을 타깃으로 한 환경운동은 난센스

사회운동에서 가장 웃지 못할 희극이라면 아마도 도요타의 하이

브리드 자동차 프리우스 운전자들이 환경을 생각한다는 착각일 것이다. 변호사, 의사, 회계사들 중에서도 고소득층에 속하는 사람들은 상당수가 전기 자동차를 구입하며 자신들이 환경에 보탬이 되고 있다고 믿는다. 유기농 농산물의 경우 연봉 8만 달러 이상의 고소득층에서나 일상적으로 사 먹을 수 있다. 이런 모든 상황은 간단히 말해 기괴하다. 이제는 경제적 격차에 관계없이 모두가 참여할 수 있는 지속 가능한 환경운동 모델을 추구해야 한다.

환경운동에서 노동자 계층에 의미 있는 의제를 만들지 못한다면, 그런 운동은 '일자리 창출을 위해 환경을 훼손할 수밖에 없다'는 유산계급의 기만적 담론을 불러올 뿐이다. 혹은 기껏해야 지극히 제한적인 개선만을 이룰 수 있다.

앞으로 환경운동은 중산층이 아닌 노동자 계층을 핵심 고려 대상으로 삼아야 한다. 저렴한 비용으로 건강한 식생활이 가능하도록 하며 그들 스스로 환경의 위험에서 자신을 지킬 수 있는 방안을 찾도록 하는 게 중요하다. 전기 자동차는 휘발유 자동차보다 더 저렴해져야 하며 대중교통은 모두가 최소 비용으로 이용할 수 있어야 한다. 녹색 성장이 경제적으로 보다 균등한 성장이 될 때 더욱 성공적인 결과를 이끌어 낼 수 있다. 수준 높은 교육의 혜택을 받은 사람들만이 생각하는 환경문제는 우리의 주된 관심사가 될 수 없다.

10. 환경문제는 미학의 문제

환경문제는 보통 그릇된 경제 모델의 문제로 인식되는 경향이 있으나, 사실 이는 미학적인 전제와 맞닿아 있다. 우리는 세상의 있는 그대로의 모습에 감사할 줄 모르는 천박한 미적 관념에 호도되어 왔다. 모든 것은 존재 자체로 충분히 아름답다는 전제하에 환경문제에 접근할 필요가 있다. 자신의 행위가 세상을 파괴하는 행위임을 인식하지 못하는 것은, 가치와 의미 있는 것이 무엇인지 식별할 줄 모르기 때문이다.

우리는 철골과 유리, 콘크리트로 지어진 건물이 현대적이고 매력적이라 여기는 문화 속에 살아왔다. 도시에서 길을 걷거나 물웅덩이를 지날 때 부패한 냄새가 난다면, 지금 사회가 묵인과 정신적 빈곤의 상태로 퇴보하고 있음을 직감할 것이다. 거액의 자금을 투입해 매끈한 표면으로 마감된 건물은 지역의 장인들이 만든 조악하고 부실해 보이는 건물에 비해 왠지 믿음직해 보인다. 그러나 이런 인식과 미적 관념은 상당한 낭비를 일으킨다. 산업사회는 우리에게 소비, 낭비, 사치를 미덕으로 삼는 견고한 미적 관념을 심어 주었다.

플라스틱이나 유리로 완벽히 방부 처리된 세상, 멈출 줄 모르고 생태계 파괴를 지속하는 세상보다 다소 부식되는 것들과 함께 사는 방법을 배운다면 지금보다 훨씬 좋은 현실이 도래할 것이다.

환경운동에서 주요한 도전 과제 중 하나는, 자연과 일상생활을 시답잖은 것으로 여기는 거대 자본의 독점적인 미적 관념이다. 많은 사람들이 거대 자본이나 자본주의를 문제 삼곤 하지만, 실상 그와 같은 것들은 뒤틀린 미적 관념에 의해 탄생한 것이라고 볼 수 있다. 우리의 습성이나 문화를 바꿀 가능성은 과학이나 기술이 아니라 인간성

이 제공한다. 인류의 행보와 방향을 변화시키기 위해 지금은 형이상
학과 인식론의 가장 높은 수준에서부터 논의를 해나가야 한다.

11. 명상 훈련

우리는 단지 '가만히 있지 못한다'는 이유로 자원을 낭비한다. 집
주위를 배회하며 먹을 필요도 없는 것들을 먹고, 딱히 구미가 당기지
않는 영화를 보고, 차를 끌고 나가 살 것, 먹을 것, 낭비할 것들을 찾
는다. 그러나 책을 읽고 요가를 하며 명상을 하고 글을 쓰는 일은 그
보다 한결 성취감이 큰 활동이다. 또 활동이 끝난 후 친구들과 읽은
책에 대해 대화하면서 서로의 유대감이 강화되는 걸 느낄 수 있다.
이 모든 것은 별다른 소비 없이 작은 방 안에서도 가능한 일이다.

환경보호를 위한 그 어떤 기술도, 이러한 행동상의 변화보다 더
많은 일을 할 수는 없다. 의미 있는 대화에 집중하고 아이들과 함께
시간을 보내며 삶을 향유할 때, 우리는 어마어마한 양의 에너지를 절
약할 수 있다.

물론 쉬운 일은 아니다. 우리에게 명상은 그리 일상적이지 않기
때문이다. 자신의 사고방식이 어떤 식으로 일상생활에 영향을 미치
는지, 충동을 조절하는 방안은 무엇인지 등을 고민하는 숙고가 바로
그것이다. 명상이나 요가는 환경문제와 큰 관련이 없는 듯 보이지만,
생각의 전환은 모든 것을 바꾸는 주춧돌이다. 어릴 때부터 명상 훈련
을 접하고, 고요 속에서 자각하는 문화에 젖어들 수 있다면, 미래 세
대는 방 안에 하루 종일 앉아서도 평안함과 충족감을 느끼는 문화를

향유하며 살게 될 것이다.

12. 물질론적 태도를 견지하자

대개 '물질적'이라고 하면 어떤 것을 의미하는가. 언뜻 그것은 오늘날의 지나친 물질문명 사회를 가리키는 듯하다. 과연 그러한가?

오늘날의 정신 나간 소비문화는 '물질'이 지닌 고유의 성질에 집중하지 못한 탓에 발생했다. 우리는 마치 모든 것을 즐거움을 위해 언제든 교환 가능한 것으로 여기며 가격으로 가치를 결정하고 소비한다. 하지만 이런 양식은 우리를 물질의 참모습에서 점점 더 멀어지게만 할 뿐이다.

소비문화는 언제나 양적 측정 혹은 질적 측정을 전제로 한다. 얼마나 비싼가 혹은 얼마나 만족스러운가 하는 문제다. 이런 문화는 더 많이 낭비하면서도 더 적게 즐기는 결과로 이어진다. 우리의 대화는 항상 얼마나 소비하는지에 초점이 있을 뿐, 소비하는 물건에 실제로 무엇이 들어 있는지 그 특성은 무엇인지 등은 생각하지 않는다.

이제는 일상생활 속에서 물질 자체에 집중할 수 있는 문화를 만들어야 한다. 나무나 돌을 만지는 것만으로도 만족할 수 있고 책과 연필 등을 그 자체로 소중히 여길 줄 아는, 물질 그 자체에 집중하는 문화로의 전환을 꾀해야 한다. 단순한 물건이나 간소한 음식에도 깊이 감사할 줄 아는 태도는 자연스럽게 소비를 줄일 것이다. 그리고 주위의 사물, 자연, 물질 등이 어떤 수준의 소비에서도 얻지 못할 담백한 만족감을 안겨 준다는 사실을 느끼게 해줄 것이다.

13. 용기 있는 결단이 필요하다

기후에 악영향을 미치는 이들과 맞서는 일에는 특별한 용기가 필요하다. 대부분의 사람들은 기후변화가 주는 막대한 위협 앞에서 행동은 고사하고 이를 인식조차 하려 하지 않는다. 하지만 지금은 플라스틱 그릇이나 일회용 종이컵 등의 사용을 거부할 수 있는 리더십이 필요하다.

어쩌면 이런 용기는 전장에서 최전선으로 나아가는 용맹함보다 훨씬 더 고결한 것이다. 전장에서 앞에 설 만큼 용기 있는 자들은 많다. 그러나 오래도록 가족과 주변인 모두를 포함하는 삶의 토대, 제도나 관념에 대해 질문을 던지고 파헤치는 용기를 지닌 이들은 많지 않다. 우리는 사회와 환경에 미치는 거대한 영향에도 불구하고 비행기가 날아다니거나 전기 제품을 사용하거나 인터넷을 이용하는 것에 대해 문제의식을 갖지 않는다.

해양 생태계를 염려해 해산물을 먹지 않겠다거나 버스를 타는 대신 걷겠다는 식의 용기는 그 자신의 생활에 불편을 주지만, 주변의 다른 이들로 하여금 더 나은 생각을 할 수 있도록 독려할 수 있다. 더불어 진실과 마주하길 꺼려하는 사람들의 몰이해, 멸시 등에도 당당할 수 있어야 한다.

14. 광고와 미디어가 인과관계를 은폐한다

현대의 문화는 생각 없이 즐길 수 있는 여러 콘텐츠로 단지 스릴과 충격을 주는 데 몰두하고 있다. 오늘날 세계는 사유의 부재를 부추긴다. 부분적으로 이는 기술을 오용한 결과다. 아이들은 TV에서 연속적으로 이미지를 보지만, 그런 이미지의 결과를 볼 수는 없다. 그 결과 많은 젊은이들이 실제 세계에서 벌어지는 원인과 결과의 관계를 제대로 이해하지 못하고 있다. 인과관계에 대한 몰이해로 우리는 자본의 기만적 기획에 무분별하게 노출된 채 자신들의 행동 결과를 알지 못한다. 또한 기후변화에 인류가 미치는 영향을 이해할 수 없는 상황으로 내몰린다.

15. 그릇된 기념물 숭배

우리는 어디에서나 콘크리트와 유리로 자연을 간과하는 인간의 자기 숭배 양식을 목도할 수 있다. 이러한 관념의 거대하고도 뿌리 깊은 구조는 "보라, 이 전능함을! 그리고 복종하라!"는 메시지를 지속적으로 전하고 있다. 우리는 어릴 적부터 소위 선진국의 이미지에서 이런 메시지를 반복적으로 접해 왔다. 그 결과, 우리는 그 같은 문명이 이 땅을 가치 있는 것으로 만들고 개인과 개인이 속한 커뮤니티, 그리고 우리 모두를 중요한 존재로 만들어 줄 것이라 믿게 되었다.

그런 생각은 전적으로 착각이다. 어릴 적부터 자연의 웅숭깊고도 단순한 아름다움을 그 자체로 존중할 줄 아는 교육을 구축하는 것은 전혀 불가능한 일이 아니다. 우리는 작고 간결한 주거 형태에서 가치를 찾을 수 있다. 사람들과의 관계에서 가치를 찾는 일 역시 그러하다. 보다 웅장한 건물이 경험을 확장하고 삶을 풍요롭게 만들며 문명을 완성할 것이라는 그 조악한 생각이 그릇된 숭배의 문화다. 이런 문화적 착각은 지금의 소비문화에서 중요한 전제이지만, 조금씩 신중하게 바뀌어야 한다.

규제가 엄격해진다고
자유를 잃는 건 아니다

많은 한국인이 선진국에 비해 개인의 창의성 발현이나 자기표현에 인색한 한국 문화를 아쉬워한다. 그런데 서방의 '선진국'이 실제로 한국인이 생각하는 것만큼 개방적이거나 창의적인 문화 속에서 살고 있는지 모르겠다. 이는 아마 다른 차원의 문제일 것이다. 다만 흥미로운 사실은, 엄격한 규제가 필요한 곳들이 한국에서 의외로 더 많이 눈에 띈다는 점이다.

가령 한국은 교통법규 위반에 대한 처벌에 좀 더 신경 쓸 필요가 있다. 한국에서 살다 보면, 행인의 안전은 아랑곳 않고 오토바이를 난폭하게 운전하는 이들을 거의 매일 보게 된다. 이들은 무거운 철제 파이프나 건설 자재를 싣고 신기에 가까운 실력으로 보행자 사이를 누빈다. 나는 한국에 온 지 얼마 안 됐을 때, 이런 사람들 중 하나가 음식을 배달하다 어린아이를 친 끔찍한 장면을 목격했다. 그 기억은 아직도 뇌리를 떠나지 않는다. 보행자가 안전하게 걸을 수 있도록 통행의 우선권을 주는 일은 시민에 대한 국가의 의무다. 한국 사회의 발전 수준에 걸맞게 오토바이보다 행인의 안전을 위한 도시 공간을 설계해야 마땅하다.

그렇게 하려면 교통법규 위반자에게 경찰이 '의미 있는' 범칙금을 매기는 동시에, 인도를 마치 도로인 양 종횡무진하는 오토바이족은 가혹한 처벌을 받아야 한다. 교통법규 위반에 대한 단속을 강화하고자 가령 한 차례 이상 위반한 자는 즉시 면허를 정지하고 습관성 위반자에게 징역형을 선고한다면, 아시아 다른 나라들에게 교통 모범 사례가 될 수 있을 것이다.

당국이 보다 강하게 대처해야 하는 분야는 또 있다. 건물 및 상점의 외관에 관한 규정이다. 훌륭한 도시환경을 가진 스위스 같은 나라에선 집주인이 자신의 집을 유지·보수할 때 반드시 따라야 하는 규정이 있다. 규정은 창문, 지붕, 외벽 장식에 이르기까지 세세하게 마련돼 있다. 엄격한 규제는 특정 지역의 역사적 고유성을 유지·계승한다는 점에서, 조화로운 환경을 유지하는 데 필수적이다. 자랑스러운 역사가 깃든 지역에는 아예 패스트푸드 체인점이 들어서지 못하게 하거나 한옥 밀집 지역에선 한옥 건축물만 짓도록 하는 등의 엄격한 규정이 필요하다. 한국에 이처럼 엄격한 규정을 둔다면 빛을 볼 동네가 적지 않다.

집 소유주에게도 집을 완전히 방치하거나 정해진 기준 이하로 내버려 두지 않도록 하는 규정이 필요하다. 서방 각 나라의 도시에서 매력적인 거리를 만날 수 있는 것은 엄격한 관리 규정과 그 규정을 잘 따르는 시민들 덕이다.

보다 강력하고 엄격한 규제에 대한 요구는 도시 지역에 국한되지 않는다. 한국의 시골 지역도 간판이나 건축 관련 규정으로 많은 혜택을 볼 수 있다. 요즘은 한국의 전통 건축물과 어우러진 고즈넉한 농어촌의 풍경이 점차 무분별하게 지은 건축물 탓에 망가지는 일이 잦다. 개성 있고 매력적인 지역에 새로운 건축물을 지을 때는 전통 건축 양식을 해치지 않도록 하는 규정을 두면 좋을 것이다.

덧붙여, 수질 관련 규정도 엄격하게 할 필요가 있다. 그러면 지금까지 우리가 알던 도시와 시골의 모습을 완전히 바꿀 수 있다. 가재나 도롱뇽이 살 수 있을 정도로 수질을 개선하고, 수질 보호 관련 규정을 위반할 경우 실효성 있는 벌금을 부과한다면 관광 수입도 기대할 수 있다.

규제가 엄격해진다고 자유를 잃게 되는 것은 아니다. 때로는 기준을 높여야 현실적으로 개선이 가능하다. 도시환경과 관련해 엄격한 규정이 만들어진다면 삶의 질도 더 나아질 것이다. 새로운 표지판을 만들고, 낡은 건물에 페인트칠을 하고, 나무와 꽃을 심는 일을 동네 주민들에게 맡기면 부수적인 일자리 창출에도 도움이 된다. 뿐만아니라 창조적인 도시 공간에 대한 유지 및 보수는 향후 청년 일자리 창출에도 기여한다. 예컨대 독창적인 수공예품이나 목제품, 벽돌 쌓기 등의 기술이 필요해질 것이고, 청년들이 관련 전문성을 높여 간다면 그 분야의 장인으로서 자신이 가꿔 가는 환경에 자부심을 갖게 될 것이다.

'규제'라고 하면 대다수 한국인은 고개부터 내젓는다. 갖가지 규제로 심각한 사생활 침해를 받고, 심한 경우 우울증이나 극단적인 선택에까지 내몰린 슬픈 경험이 있기 때문이다. 그러나 앞서 언급한 바와 같이, 현재보다 훨씬 더 강한 규제가 필요한 곳이 주변에 의외로 많다는 사실을 잊지 않았으면 좋겠다.

한국 스마트폰을
더 스마트하게

스마트폰이 갖는 파급력은 어마어마하다. 스마트폰은 사람들을 연결하고 사회를 긍정적으로 조직할 수 있는 새로운 기회를 주었다. 스마트폰의 경제적 가치는 더 이상 값싸게 제조한 후 비싸게 판매해 발생하는 이익에만 국한돼서는 안 된다. 앞으로는 스마트폰이 건강하고 생산적인 사회를 만드는 데 기여하도록 관심을 기울여야 한다.

이를 위해선 첫째로, 스마트폰의 제조 과정이 전 세계인이 함께 일하는 최대의 기회가 되어야 한다. 현재 전 세계 스마트폰의 디자인은 본질적으로 동일하다. 한·중·일 또는 그 외 아시아 지역의 예술가들이 스마트폰의 기본 화면이나 아이콘 등 디자인에 기여할 방법도 없다. 우리는 중국이나 한국 전통을 기반으로 한 문화적 이미지를 스마트폰 레이아웃에 적용하려 하지 않는다. 그러나 세계 어딘가에는 분명 당나라나 백제 왕조를 모티브로 한 디자인을 원하는 사용자가 존재할 것이다. 아시아 국가들은 서구화한 디자인만이 어필한다고 생각하는 듯한데, 사실 그와 정반대의 요구도 있는 것이다.

문제의 뿌리는 생각보다 깊다. 한국 스마트폰의 디자인은 세계 다른 곳에서 생산되는 것들과 동일하다. 한국 스마트폰에는 한국만의 독특한 레이아웃, 디자인, 패턴이 없다. 애플리케이션에는 한국 전통 예술에 바탕을 둔 그래픽이 담겨 있지 않다. 오히려 한국 스마트폰은 '한국적이어선 안 된다'는 전제를 바탕으로 개발됐다고 해도 과언이 아니다.

또한 현재 스마트폰의 이모티콘과 애플리케이션 생산 방식에선 아시아의 창의적인 젊은 스마트폰 사용자들이 배제돼 있다. 이들의 창의적 의견을 적극 수용할 필요가 있다. 개방형 플랫폼을 만들어 중국이나 일본, 한국의 고등학생들이 직접 디자인한 이모티콘을 전 세계에 판매할 수 있도록 해야 한다. 대학생들이 모금을 통해 페이스북과 같은 현재의 애플리케이션을 뛰어넘는 새로운 소셜네트워크 프로그램을 설계할 수 있도록 지원해야 한다. 창의적인 젊은이들이야말로 그들의 네트워크 기술로 새로운 프로그램과 아이콘, 게임 등을 만들어 우리를 하나로 이어 줄 것이다. 그리고 동아시아 전역에 걸쳐 강력하고 역동적인 사이버공간을 구축할 것이다. 다음 세대의 상상력이 스마트폰 성장의 원동력이다.

두 번째로 책임 있는 시민으로서 사회 참여 문화를 형성하는 데 스마트폰을 어떻게 활용할 것인지에 대한 질문을 던져야 한다. 만일 젊은이들이 동시대의 중요한 사회·환경·경제적 이슈에 대해 타인과 소통하고 토론하는 네트워크 수단으로 스마트폰을 사용한다면, 문제를 해결할 수 있는 실질적 방안을 찾는 데 도움이 될 것이다.

물론 스마트폰이 사회에 미치는 영향을 완전히 긍정적으로만 평가할 수는 없다. 젊은이들이 비디오게임과 의미 없는 채팅으로 하루하루를 낭비한다면 미성년자의 스마트폰 사용은 제한하는 게 더 나을 것이다. 그저 단발성 쾌락을 얻기 위해 스마트폰 첨단 기술을 남용한다면 다음 세대의 창의적 잠재력은 파괴될 것이다. 방관하고 있을 수만은 없는 일이다. 젊은이들에게 의미 있는 교육, 윤리적 원칙과 공동체 감각을 제공하는 게 스마트폰의 주된 목표가 돼야 한다.

스마트폰의 존재 이유는 시민들에게 지식을 제공하고, 윤리 규범을 가르치고, 젊은이들이 미래에 더 나은 사이버공간을 구축할 수 있는 커뮤니티를 제공하는 것이다. 새로운 기술을 개발하는 것보다 더 중요한 것은 건강하고 창의적인 스마트폰 문화를 만드는 것이다. 여러 대규모 사회 프로젝트의 참여 과정에 스마트폰이 적극 이용되도록 하며, 정치 참여, 이웃 봉사, 국제 구호활동 등에 젊은이들이 관심을 갖도록 자극하는 콘텐츠도 필요하다.

이와 더불어 스마트폰 사용의 부정적인 측면을 해소하는 방법에 대해서도 고민해 봐야 한다. 미국 서던메인대학교의 심리학 교수 빌 손튼과 연구팀이 2014년 발표한 논문 〈단지 휴대폰을 갖고만 있어도 문제가 된다(The Mere Presence of a Cell Phone May be Distracting)〉에 따르면, 스마트폰을 사용할 때 적절한 명상이나 깊은 호흡을 하지 않을 경우 사용자는 점차 더 수동적으로 변하고 강박관념에 사로잡히는 경우가 많다고 한다. 명상과 호흡 운동이 스마트폰 사용에 어떻게 통합될 수 있는지도 생각할 필요가 있다. 이 같은 자기 관리원칙을 비롯해 정보, 소통, 교육 등을 현명하게 활용하면 스마트폰은 우리에게 긍정적인 영향을 줄 수 있다.

스마트폰 사용자는 자신을 단순한 고객이 아니라, 공정하고 정당한 온라인 사회를 형성할 책임과 의무가 있는 세계 시민으로 인식해야 한다. 인터넷상 공정한 관계를 유지하고, 유해 콘텐츠를 차단하며, 건설적인 협력을 장려하기 위해 취할 수 있는 방법은 많다. 젊은이들은 스마트폰을 사용하는 순간부터 책임감을 배워야 한다.

우리는 디바이스 자체를 넘어서야 한다. 스마트폰을 통해 끊임없이 변화하는 예술적인 내부 공간을 디자인해야 한다. 한국의 젊은이들이라면 얼마든지 가능하다. 스마트폰이 제공하는 가상공간에서 예술, 문학을 창조하고 철학을 얘기할 수 있으며, 새로운 공동사회를 만들 수 있다. 우리는 페이스북과 같은 '원시적인' 소셜네트워크를 넘어 새로운 형태의 협업을 장려하고 지지하는 개방형 공간을 설계해야 한다. 스마트폰은 손바닥 안의 게임기가 아니다. 건강한 주제에 대해 함께 얘기할 수 있는, 미래에 훨씬 더 큰 무언가로 통하는 포털, 즉 '통로'이다.

사회적 지식인이 된
교수의 역할?

한국에서 교수는 상당한 사회·문화적 지위를 누린다. 정부 정책 심의에 큰 역할을 하고 기업 자문을 하는 등 지식인으로 대접받는 분위기다. 나도 '하버드 박사'라는 학력으로 상당한 대우를 받고 있다.

한국에서 지식인의 지위는, 지난 50여 년간 교수의 지위가 약화되고 있는 미국과는 크게 다르다. 프랭클린 루스벨트나 해리 트루먼 같은 미국 대통령들이 교수들을 요직에 임명한 것은 옛날 이야기다. 그런 의미에서 나는 한국과 같은 나라를 동경해 왔고, 그런 나라에 사는 것을 기쁘게 생각한다.

그러나 한국에서 교수가 사회적 지식인으로서 역할을 하려다 보면 상당히 높은 장벽을 마주하게 된다. 교수의 역할은 미묘하고도 다양하다. 우선 교수를 평가하는 것부터 쉬운 일이 아니다. 교수 평가는 다양한 측면을 면밀히 감안해 총체적으로 이뤄져야 한다. 하지만 한국 대학에선 까다로운 기준에 따라 기계적으로 교수를 평가하고 있다. 대학에서 교수를 평가하는 항목은 크게 강의, 연구, 그리고 봉사 활동 세 가지다.

강의의 경우, 수강하는 학생이 많으면 친밀감을 갖고 가르치는 것이 불가능하다. 게다가 교수가 연예인처럼 재미있게 강의하는지, 유명한지 등도 사실상 평가 기준이 되는 실정이다. 지식인으로서의 역할을 기대하기보다, 강의하고 월급만 받으면 된다는 식이다. 모두가 일시적인 소비, 흥미, 감동만 생각하며, 이러한 시대 경향의 원인이 무엇인지에 대해서는 생각하지 않는 것처럼 보인다.

교수의 역할은 학생들의 취업이나 진학을 위한 추천서를 써주거나 성적표를 확인해 주는 것 정도로 변질되고 있다. 그러나 본질적으로 교수의 가장 중요한 역할은 학생들이 급격히 변화하는 사회에 적응하고 도전할 수 있도록 지도하는 것이다. 한국 교육의 위대한 전통은 스승과 학생의 관계가 부모-자식에 버금가는 중요한 관계로 여겨진다는 점이다. 하지만 지금 스승과 학생 관계의 유효기간은 그저 강의 이수에 따라 졸업증을 받을 때까지로 제한돼 있다.

교수는 학생들이 암울한 미래에도 생존할 수 있도록 지금 우리가 직면한 가혹한 진실, 예컨대 인공지능, 자동화, 기후변화, 미세 먼지 등 문제를 가르칠 의무가 있다. 교수라면 학생들이 미래 사회를 준비하도록 도와야 한다. 더구나 지금은 해외 공장 건설, 자유무역을 통한 이윤 창출, 즉흥적인 개인 소비 등이 '정상'으로 정의되는 세상이다. 교수는 학생들이 자신의 삶만 생각하는 자세에서 벗어나 사회적 존재가 되도록 가르칠 의무가 있다.

다음으로 교수들의 연구 분야를 살펴 보자. 나는 처음에 기술과학 논문 색인(SCI) 또는 사회과학 논문 인용 색인(SSCI) 저널에 게재되지 못한 논문은 '업적'에 입력할 필요가 없다는 말을 들었을 때 충격을 받았다. 나의 글이 SSCI 저널에 여러 번 인용됐지만, 그 글들보다 그 밖의 다른 저널에 기고한 논문과 저서들이 사회에 훨씬 더 큰 영향을 주고 있다고 생각한다. 하지만 상식을 뒤집을 뛰어난 논문보다 SSCI 저널에 그저 그런 평범한 논문 10편을 올리는 학자가 더 높은 평가를 받는 게 현실이다. 만약 다윈의 진화론이나 갈릴레오 갈릴레이의 지동설이 현 시대에 출현했다면 과연 SCI에 게재되었을까?

또한 교육부의 논문 평가 기준을 보면 영어로 작성된 논문만 가치 있는 것으로 평가된다. 하지만 프랑스 문학 쪽의 최고 저널은 프랑스어로 되어 있고, 러시아 역사 분야의 훌륭한 저널은 러시아어로 작성된다. 심지어 과학 분야에서도 영어는 유일한 언어가 아니다. 많은 과학자들이 주로 영어로 논문을 작성하지만, 식물학 분야의 최고 저널은 일본어로 되어 있다. 영어 이외의 다른 언어로 작성된 연구는 보다 못한 대우를 받고 있지만 과학 분야에서 일본어·중국어·한국어 등으로 게재되는 탁월한 논문들이 늘어가고 있다. 영어로 쓴 형편없는 연구 논문을 평가 기준으로 삼기보다, 얼마나 내실 있는 논문인가가 평가의 기준이 돼야 할 것이다.

'봉사' 항목에 대해 말하자면, 나는 환경 관련 다양한 자원봉사를 해왔다. 하지만 학교에서는 단지 부서 내부의 관료적 업무만을 '봉사'로 여기고 있다.

지식인의 가장 중요한 역할은 일반 대중이 인식하지 못하는 중요한 현상에 대해 새로운 관심을 불러일으키는 것이다. 한국에선 이런 고유의 노력이 제대로 평가받지 못하고 있다. 이것은 전통적으로 학문과 윤리를 결합한 고도의 지식인 문화를 갖고 있던 한국에 어울리지 않는 유감스러운 일이다. 한국에는 양심을 지닌 훌륭한 학자들을 배출한 향교라는 위대한 전통이 있다. 우리는 이처럼 독립적인 학문 기관에서 장기적 안목으로 학문적 우월성과 윤리적 우월성을 추구하며, 윤리와 학문이 결합된 지식인 문화를 모델로 삼아야 한다. 두 가지를 분리하는 것은 한국 대학의 가장 매력적인 문화 전통을 파괴하는 일이다.

국제 학계에서 한국인이 두각을 나타낼 수 있는 분야가 분명히 있다. 그 지도적 위상과 역할을 스스로 포기하지 않았으면 좋겠다.

위험 수준에 이른
외모지상주의

요즘은 강남구 신사동이나 압구정동의 지하철역을 딸과 함께 걷기가 민망하다. 아직 어리고 감수성이 예민한 딸인데 함께 수많은 성형외과 광고와 마주치게 된다. 광고판마다 성적 메시지를 뿜어 대는 여성들이 즐비하다. 여성이 성공하려면 육체적으로 아름다워야 하고, 그렇게 보이기 위해선 외모부터 바꿔야 한다는 생각이 어릴 적부터 여성의 정신세계를 황폐하게 만든다.

주변에서 흔히 볼 수 있는 이 같은 외모지상주의는 거의 위험 수준에 이르렀다 해도 과언이 아니다. 20년 전만 해도 여성의 외모에 유별난 관심을 보이는 나라는 한국이 아니라 일본이라고 생각했다. 그러나 지금은 완전히 역전됐다. 일본 여성보다 훨씬 더 많은 한국 여성이 외모를 뜯어 고쳐야 한다는 압박감에 시달린다.

심지어 성형수술이 중국 관광객을 끌어들이는 '효자 산업'이란 말도 심심찮게 나돈다. 성형수술을 한국의 주요 산업 및 관광 상품으로 육성하자는 움직임까지 있다고 한다. 이런 근시안적 방안이 한국 문화의 뿌리를 흔들고 있다. 성형수술을 원하는 중국인 관광객이 늘면 관광 수입 증가에 도움은 되겠지만, 그로 인해 한국이 가장 중시하는 것은 '외모'라는 관념을 고착시킬 수 있다. 성형 산업에 대한 대대적 투자는 단기적으로 엄청난 부를 창출할지 몰라도, 한국의 이미지와 권위는 손상되고 만다.

그보다 좋은 이미지는, 한국에선 여성이 정부와 산업에서 요직을 맡고 있으며 외모가 아니라 능력으로 평가받는다고 알려지는 것이다. 여성이 리더가 되는 한국을 보면 많은 국가가 깊은 인상을 받을 것이며 한국을 기준으로 삼을 것이다.

한국의 성형 서비스가 아무리 저렴하고 수준 높아도 그것으로는 다른 나라의 존경을 살 수 없다. 또한 화장품과 성형, 패션 산업에만 집중하는 동안 다른 산업은 부실해질 수밖에 없다. 그러다 성형 산업이 더 이상 수익을 내지 못하는 날이 오면 실망스러운 미래를 맞게 될 것이다. 우려스러운 일이다. 만일 여성들이 풍부한 지식을 갖춘 능동적인 사회 구성원이 되기보다 외모지상주의의 굴레에만 갇혀 있다면 한국 사회가 치러야 할 대가는 엄청날 것이다.

이제는 이런 추세에 단호히 종지부를 찍을 때다. 문화적 퇴폐주의를 연상시키는 이 위험한 관행을 끝낼 때가 됐다. 그러려면 과대한 성형수술을 부추기는 광고를 금지하고 성형수술을 상해 혹은 정상 생활 불가 등의 경우에만 재생 목적으로 국한시키는 조치가 필요하다.

성형수술은 결코 한국의 문화가 아니다. 돈벌이 수단으로 의사의 본분을 잃고 칼로 사람의 외관을 종이공작처럼 수술하는 지금의 행태는 기괴하다. 이 문제는 무엇보다 젊은 여성들의 사고방식에 근본적 변화가 일어나야만 해결할 수 있다. 그 실마리는 한국의 전통적인 선비 정신에서 찾을 수 있지 않을까. 알다시피 한국은 과거부터 물질주의와 외모에 대한 쓸데없는 집착을 배격하는 심오한 정신세계를 구축했다고 자부해 온 나라다. 이런 지적에 혹자는 무슨 뚱딴지같은 말이냐고 할지도 모르겠다. 두루마기와 저고리를 걸친 남성들의 전유물인 케케묵은 유교사상이 현대 여성과 대체 무슨 관련이 있느냐고 말이다.

십중팔구 한국 여성들은 도덕을 지고의 가치로 여긴 '선비 정신' 하면 여성 억압과 편협한 사고의 어두운 유산을 떠올릴 것이다. 과거 전통사회에서 사실 한국 여성들은 끔찍한 차별을 겪었다. 그러나 한국의 미래를 이끌어 갈 젊은 여성들이 세종대왕의 비전이나 다산 정약용 선생의 뛰어난 통찰력을 간과한다면 장차 이 또한 엄청난 손실이 아닐 수 없다.

상상력과 창의성만 발휘하면 진정한 혁명도 가능하다. 다시 말해 한국의 유교 전통에 깃든 심오한 윤리적 통찰력을 여성 차별의 유산과 확연히 구분하는 동시에, 이를 통해 여성들이 기꺼이 한국 유학자들을 자신들의 윤리적 모델이자 영웅으로 받아들이는 혁명적 사고 변화를 일으켜야 한다. 한국에선 충분히 가능한 일이고 특히 한국 여성들은 더욱 그러하다.

유교 전통의 재해석과 함께 선비 정신을 현대 여성들에게 직접 적용 가능하도록 재정의하는 일도 중요하다. 이것은 미국과 프랑스에서 일어났던 민주주의 부흥과도 크게 다르지 않다. 고대 그리스의 민주주의에선 오직 상류층 남성들에게만 투표권이 주어졌다. 하지만 이 개념은 18세기 모든 백인 남성들에게, 19세기 모든 남성에게, 그리고 20세기 들어 모든 시민들에게 확대됐다. '민주주의'라는 유구한 개념에 내포된 엄청난 잠재성을 후세에도 계속 살리려고 노력한 덕분에 여성 참여가 새로운 정치 질서의 중심에 우뚝 서게 된 것이다.

이런 변혁을 이루려면 무엇보다 학자, 정책 결정자, 시민들 간의 건설적이고 창의적인 대화가 필수적이다. 다시 말해 전통적인 유교로부터 도덕적인 행동과 바람직한 삶에 대한 통찰력 중 가장 훌륭한 면면을 끄집어내 여성들이 이어받도록 하는 게 중요하다. 한국 여성들이 보편적인 선을 위해 스스로를 희생한 유학자, 물질적 유혹에 맞서 지고의 가치를 굳건히 지켜 낸 유학자들을 바로 자신들의 '선배'로 여길 수 있도록 해야 한다.

그런 뚜렷한 가치관과 도덕성을 겸비한 여성 유학자, 지식인, 공무원, 정치인들이 건전하고 새로운 문화를 만들어 간다면 한국 사회는 자신감을 갖고 보다 밝은 미래를 향해 나아갈 수 있을 것이다. 여성이 성공하려면 외모가 돋보여야 한다는 그릇된 믿음과 사회의 이목을 끌려면 돈을 들여서라도 외모를 바꿔야 한다는 잘못된 생각은 떨쳐 버리자.

이제는
여풍女風 시대

이제 한국 여성들이 대학과 기업, 공직 등 사회 곳곳에서 중요한 역할을 수행하고 있다는 건 의심할 여지 없는 사실이다. 권위를 상징하는 자리에 임명되지는 않더라도 실무자로서 큰 힘을 행사하고 있다. 그리고 조만간 리더로서도 중심적 역할을 하게 될 것이 틀림없다. 나뿐 아니라 많은 교수들도 가장 뛰어난 학생 대부분이 여학생들이고 이들은 놀라운 추진력과 창조성을 지니고 있다고 공언한다.

하지만 한국 사회는 아직 여성들이 배운 대로 일할 수 있는 사회적 조건이나 업무 기회를 제공하지 못하고 있다. 여성이 자력으로 사회 지도층이 되거나 큰 꿈을 실현하는 일은 각종 장애와 유리천장을 극복하는 투쟁의 과정이다. 그 결과 결혼과 자기 생활의 균형을 이루기 어려운 현재의 여성 문제는 한국의 심각한 저출산, 고령화 문제를 낳고 있다.

또한 한국 여성에게는 더 큰 어려움이 있다. 한국 사회에서 여성의 중요성은 지난 20여 년간 극적으로 높아졌지만, 다양한 분야의 롤모델은 여전히 부족하다. 화려한 조명을 받는 가수나 연기자, 스포츠 선수 등에 치중된 느낌이다. 여성의 진정한 리더십이 무엇인지 깊이 있는 고민이 필요하다.

중·고등학교 때부터 여학생들이 상상력을 발휘해 새로운 일을 경험할 기회를 열어 주어야 한다. 예쁜 외모의 여배우를 흉내 내지 않고 더 나은 세상을 위해 공헌하는 훈련이 꼭 필요하다. 그런 소중한 노력들이 모인다면 남성 중심 룸살롱 비즈니스 문화를 혁신할 여성 CEO와 리더들이 많이 나올 것이다.

과학기술 분야의 상황은 더 열악하다. 많은 여성들은 과학자라는 직업을 매력적으로 느끼지 않는다. 과학기술 분야에는 여성 리더들이 적기 때문이다. 소녀들이 어릴 때부터 영감을 받을 수 있도록 한국 여성 과학자들의 성공담을 적극적으로 알리고 창조해 내야 한다. 어린이 만화책 주인공으로 용감하고 혁신적이며 타인에게 헌신적이고 열심히 공부하는 여성 학자들을 등장시켜 보자. TV 드라마에서 환경보호를 위해 일생을 바치는 여성 과학자를 주인공으로 내세울 수도 있겠다. 그런 이미지를 보면서 소녀들은 자신을 바르게 인식하고 자기 앞에 놓인 가능성을 제대로 볼 수 있다.

고급 과학기술 인력을 양성하기 위한 KAIST 등의 책임자로 여성을 임명하는 것도 한 방법이다. 그 자체로 한국 여성이 과학기술 분야에서 중심적 역할을 할 것이라는 메시지를 전 세계에 보여주는 것이기 때문이다. 그런 제안을 하면 한국 남성들은 실력이 중요하지

상징적 임명은 불필요하다고 반박하지만 그런 일자리는 원래 상징적인 것이다. 한국에는 리더로서의 충분한 역량을 가진 여성이 많다. 세계적으로도 인문학과 과학기술의 융합, 정보와 기술에 대한 통합적 접근, 현안에 대한 미학적·도덕적 사고가 중요해지는 추세다. 이는 여성에게 유리한 환경이 아닐 수 없다. 이 같은 변화는 여학생들에게 희망을 안겨 줄 것이며 한국인이 세계 과학기술계에서 진정한 리더로 거듭나는 발판이 될 것이다.

세계 속에서 한국이 새로운 역할을 하기 위해서도 여성의 힘이 필요하다. 한국이 국제적 협력 기회를 충분히 활용하지 못하는 큰 장애 요인 가운데 하나가 조직 문화의 권위주의적 질서 체계와 과도한 경직성이다. 한국과 사업을 하는 외국인들로부터 꾸준히 듣는 말 역시 가장 어려운 점이 권위주의와 남성 중심의 관리자 문화라는 것이다. 한국에서 여성을 중요한 지위에 배치함으로써 다른 나라의 문화와 잘 호응할 수 있는 유연하고 수평적인 기업, 정부 문화를 창조하는 데 성큼 다가설 것이다.

이처럼 사회 각 분야에서 롤 모델이 될 만한 여성상을 만들어 내고 멘토링 시스템을 통해 지속적으로 여성 인재를 육성하는 것은 한국의 미래를 위해 가장 시급한 현안이다. 타인에 대한 배려심과 자신감, 책임감이 강하고 합리적인 소비를 하는 한국 여성들은 무한한 잠재력을 갖고 있다. 한국은 오늘날 아시아에서 가장 강력한 문화 강국이기 때문에 이 같은 한국 여성상은 세계 여성들에게 훌륭한 모델이 될 수 있다. 한국 여성은 이제 다른 나라를 따라잡기 위한 노력이 아니라 트렌드를 형성하는 역할을 해야 한다. 한국, 나아가 세계를 위해서도 지금 당장 변화를 만들어 내야 한다.

끝없이 추락하는 출산율 문제를 해결하기 위해 국가 차원의 노력이 시행되고는 있지만, 실질적 변화에 이르는 길은 멀어 보인다. 여성 난임 지원과 지하철 임산부 전용 좌석 등의 정책은 피상적 미봉책에서 더 나아가지 못했다. 근시안적 비전에 갇혀, 가장 중요한 교육과 실질적 여성 지원 문제를 간과했다. 여성의 삶은 한국의 미래에 매우 중요한 부분이다. 이를 염두에 두고 문제에 접근할 필요가 있다. 아이가 제대로 성장하려면 부모의 마음이 편안하고 조건 없는 사랑을 줄 수 있는 상태여야 한다. 또한 부모는 자녀를 양육함으로써 사회에 공헌하고 있다는 자긍심을 느낄 수 있어야 한다.

한국은 이에 대한 해결책 마련에 고심 중이다. 사실 출산율 관련 정책이 완전히 실패한 이유는 간단하다. 위기의 심각성을 제대로 인지하지 못해 정책적 차원에서 적절한 대응에 실패했기 때문이다. 현 수준의 출산율이 지속된다면 100년 안에 한국이라는 민족 자체가 사라질 수 있다. 자연히 한국어도 만주어처럼 역사책에서나 볼 수 있는 언어로 전락할지 모른다. 한국인들은 매우 희박한 북한의 서울 포격 가능성은 거론하면서 출산율 저하라는 심각한 위험에 대해서는 침묵한다. 쉽게 납득이 가지 않는 대목이다. 낮은 출산율은 반도체나 스마트폰의 경쟁력 하락보다 훨씬 더 심각한 위협이다.

그리고 이러한 출산율 위기가 생겨난 이유는 무엇보다 한국 사회가 여성들의 온당한 요구에 부응하지 못한 데 있다. 한국은 선진국 반열에 올랐음에도 여성의 자녀 양육권을 보장하는 기본적인 조치 마련에는 게으르다. 또한 한국 남성 대부분이 저출산을 심각하게 받아들이지 않고 있다.

출산율을 높이려면 일과 가정의 양립, 보편적 교육 복지 등 여건 조성을 정책의 최우선 순위로 삼아야 한다. 그럼에도 한국은 여전히 이 문제를 심각하게 다루지 않고 있다.

주변에서 흔히 볼 수 있는 직장 풍경부터 살펴보자. 여성들이 아이를 직장에 데려가 돌볼 수 있는 직장 내 보육 시설 시스템은 정착돼 있지 않다. 그러다 보니 여성들은 하루 종일 직장에서 일하고도 집에 돌아가 또다시 자녀들의 먹거리와 교육을 책임지느라 몇 시간을 보내기 일쑤다. 이런 상황에서 출산율이 떨어지는 건 당연하다. 모든 기업과 연구 기관, 대학, 정부 부처가 자체적으로 보육 시설을 갖춰 여성 노동자가 출근과 동시에 자녀를 맡겨 뒀다가 필요할 때는 근무 중에도 들러 볼 수 있는 여건을 조성해야 한다. 사무실 근처에 아이들이 있다면 오히려 더 인간적인 분위기를 만들 수 있으며 이것은 환영할 만한 일이다.

또 건물을 짓거나 도시계획을 할 때 설계 단계부터 여성 근무자가 직장과 아이 보육을 동시에 해결할 수 있도록 배려해야 한다. 또한 아이들을 위해 양질의 학교를 세우고 유치원부터 고등학교까지 무상 교육을 실시할 필요가 있다. 이렇게만 되면 부모 입장에서 사교육에 드는 막대한 부담을 줄일 수 있다. 한국 사회가 예전처럼 한 가구당 2명의 자녀를 두게 될 때까지는, 최소한 자녀 계획을 할 때 교육비 걱정은 할 필요 없도록 제도를 바꿔야 한다. 출산율을 조금이라도 높이고 싶다면 정책의 우선순위가 이 같은 방향으로 바뀌어야 한다. 저출산 폭탄을 무시했을 때 발생하는 문제와 거기에 드는 비용을 생각한다면 이런 변화는 시급한 것이다.

몇몇 사람들은 이런 정책을 경제적으로 환원해 평가하며 그 효과도 미미할 거라고 지적한다. 하지만 이는 상황을 오도하는 것이다. 그토록 비용이 걱정된다면 회식 술값이나 CEO를 위한 개인 운전사 비용, 번지르르한 새 사무실을 짓는 데 드는 돈을 아끼면 충분히 해결할 수 있다. 여성이 아이를 양육하고, 그들이 잘 성장하도록 하려면 기본적인 여건부터 조성하는 게 일차적이다.

자녀가 있거나 앞으로 출산 계획이 있는 여성에겐 고용이나 승진 시에도 우선권이 제공돼야 한다. 한발 더 나아가 직장 생활과 자녀 양육을 병행하는 여성에겐 승진 시 추가 점수를 주는 등 직장 문화도 바뀌어야 한다. 혹자는 부모가 자녀 양육에 더 많은 시간을 뺏기면 한국의 경쟁력이 추락하지 않을까 염려할지 모른다. 하지만 답은 간단하다. 한국의 미래를 책임질 아이들이 없다면 국가의 경쟁력을 걱정할 필요마저도 사라진다. 그래도 보육·양육 예산 지출이 과도하지 않느냐고 염려하는 사람이 있다면, 이렇게 묻고 싶다. 당신은 앞으로 저출산이 20~30년간 지속될 때 생길 사회적 비용을 계산해 보기나 했는가?

그렇다면 구체적으로 어떤 일들을 할 수 있을까. 방법은 많다. 일단 모든 일터에 사내 어린이집을 제공해야 한다. 예외는 없다. 그리고 사내 어린이집에서 아이들을 돌보는 유아 교사에게 높은 보수를 약속함으로써 이를 매력적 일자리로 부상시켜야 한다. 여성들이 직장에서 일을 하다가도 실시간 동영상으로 자녀의 모습을 볼 수 있도록 해주고, 일주일에 정해진 시간만큼은 재택근무를 할 수 있는 프로그램을 제공해야 한다.

이와 함께 교육은 100% 공공서비스가 되어 모두가 접근 가능한 대상이 되어야 한다. 이를 위해서는 사교육 체제를 끝내야 한다. 그리고 초등 교사가 아이들한테 필요한 모든 교육을 제공하고, 초등 교사에게 그 과정을 스스로 결정하는 권위를 부여하고 자원을 지원해야 한다. 그러면 교육 비용이 낮아질 것이고, 높은 양육비 때문에 임신과 출산을 포기하는 비극도 종식될 것이다. 이 과정에서 우리는 아동에 대한 교육이 결코 돈벌이 수단이 돼서는 안 된다는 믿음을 견지해야 한다. 한국을 변화시키고 여성들의 출산 부담 및 고민을 해결하고 그들을 지원하기 위해서는 근본적인 정책 변화가 필요하다.

마지막으로 TV 드라마를 비롯한 미디어에서는 보통 사람의 삶에 집중하고 그들의 경험에서 비롯된 드라마를 만들어야 한다. 젊은 여성이 많이 시청하는 드라마를 보면, 여성 등장인물들이 고급 커피숍에 모여 앉아 커피를 마시며 가십을 주고받거나 직장에서 다른 여성과 소모적인 경쟁 구도를 이루고, 상사와 경영진의 관심을 받기 위해 예쁜 척하는 뻔한 모습만 나온다.

이런 모습보다 보통의 가정에서 살아가는 평범한 여성을 그린 드라마가 필요하다. 아이를 돌보고 세상에서 현실적 문제를 풀어 가기 위해 애쓰는 진짜 삶을 다룬 드라마 말이다. 대단한 성공을 거둔 CEO이지만 두 아이를 키워야 하는 워킹맘을 주인공으로 내세워 그녀가 기울이는 노력, 아이들의 경험, 함께 주체적으로 만들어 가는 세상이 줄거리의 절반 이상을 차지하는 그런 드라마를 보고 싶다. 이런 드라마가 몇 편이라도 제작된다면 일하고 아이와 함께 시간을 보내는 보통 여성의 삶이야말로 우리 사회에서 가장 중요한 부분을 차지한다는 메시지를 사람들에게 전할 수 있다.

중국을 진지하게
생각해야 할 때가 왔다

얼마 전 나는 광화문에 있는 대형 서점을 찾았다. 정치·경제 관련 중국어 원서들을 살펴보기 위해서였다. 중국에서는 중국 문화대혁명 50주년인 2016년 5월 16일 이후 마오쩌둥이 남긴 유산에 대한 뜨거운 토론이 벌어지고 있었다. 나는 인터넷 토론을 넘어서는, 보다 구체적인 논의가 담긴 책이 필요했다.

그 대형 서점은 얼마 전 외국어 서적 파트를 리모델링했다. 중국어 원서 섹션이 생긴다는 말을 듣고 좋은 소식이라 생각했다. 사실 중국어를 읽을 수 있는 한국인이 꽤 많다. 또 많은 한국인이 현대 중국에 깊은 관심을 가지고 있다. 서울에 사는 중국인도 부쩍 늘었다. 관광객뿐 아니라 교환 학생, 장기 체류자, 아예 귀화를 선택한 이중 언어 사용자도 상당하다.

하지만 서점에서 내가 발견한 것은 어처구니없는 상황이었다. 내가 이제까지 목격한 도서 컬렉션 중 최악이었다. 중국어 원서 섹션은 일본 원서 섹션의 한쪽 구석에 있었다. 중국어 섹션이라는 안내 표지판도 없었다. 점원에게 묻지 않았다면 중국어 섹션이 따로 있다는 사실조차 알 길이 없었을 것이다. 중국어 책이 놓인 책꽂이 선반은 달랑 7개였다. 그중 두 개는 중국어 학습 교재가 차지했다.

나머지 5개 선반을 차지하고 있는 것은 무라카미 하루키나 JK 롤링 같은 유명 작가가 쓴 책의 중국어 번역판과 버락 오바마 전 대통령의 전기, 그리고 중국어판 성경 등이었다. 잘 알려지지 않은 작가의 입문서와 실용서도 눈에 띄었다. 중국 소설은 단 한 권도 없었다. 현대 중국의 사회·정치·경제·문화를 다루는 신간들은 더더구나 찾아볼 수 없었다.

선반에 꽂힌 책만으로 판단한다면 요즘 중국에서 나오는 책들 중 흥미를 끌 만한 책은 전혀 없는 것처럼 보인다. 이대로라면 현실을 심하게 오도하는 것이다. 중국의 작가와 지식인들은 현대 중국뿐 아니라 전 세계의 문제를 다루는 진중한 책들을 줄기차게 출간하고 있다. 중국사회과학원(CASS)만 해도 다양한 분야에서 엄청난 양의 연구 성과를 쏟아 내고 있다. 그중 많은 책이 오늘을 살아가는 한국인들과도 깊은 연관이 있다. 하지만 한국에는 중국사회과학원의 책을 판매하는 서점이 없다.

현대 중국의 서적을 무시하고 한국어로 번역하지 않는 것은 시장의 힘이나 논리와도 동떨어져 있다. 많은 한국 사람이 중국에 대해 더 많은 것을 알고 싶어 한다. 문제는 한국의 여론을 주도하는 인사들이 높은 지적 차원에서 중국에 접근하는 데 실패하고 있다는 점이다.

중국은 나라 이상의 나라다. 지구상에 살고 있는 다섯 명 중 한 사람이 중국인이다. 중국의 지적인 다양성과 점증하는 문화적 역동성에 주목해야 한다. 한국인과 세계인들은 중국에 대해 좀 더 많은 것을 알 필요가 있으며 보다 면밀하게 중국의 추세를 관찰해야 한다.

한국의 차세대 지도자들은 중국어를 유창하게 할 수 있어야 한다. 중국 신문을 읽거나 중국어로 편지를 쓰는 게 전혀 불편하지 않아야 한다. 게다가 한국에 필요한 것은 '중국' 전문가뿐만 아니라 쓰촨四川성·광둥廣東성·상하이上海·우한武漢 등 지역의 전문가들이다. 이들 성과 도시는 한국에 있어서 세계 그 어떤 다른 나라나 지역보다 중요하다.

가령 쓰촨성은 다수의 동남아시아 국가와 관계를 만들어 가고 있으며, 중국 내에서도 상당한 경제적 영향력을 가지고 있다. 다수 국가에 버금가는 경제적 비중을 가진 만큼, 쓰촨성에 대해 속속들이 아는 전문가가 있어야 한다.

1~2년마다 순환 근무를 하는 지금의 정부 시스템에서는 특정 지역에 대한 전문가가 나오기 힘들다. 이제는 수년 동안 꾸준히 해당 지역에 나가 경험을 쌓고 기술을 연마하며 오랜 시간 그 지역의 문화와 역사에 익숙해지도록 지원해야 한다. 주요 기업 및 정부 기구는 막연한 중국 전문가가 아니라, 중국의 특정 지역 및 도시 '전문가 풀'을 보유해야 한다. 이들은 수년간 해당 지역에 대해 배우고 현지 경제에 대한 전문 지식을 쌓을 필요가 있다. 그리고 자신만의 시각으로

중국의 과거를 바탕으로 미래를 예상하는 능력을 갖춰야 한다.

이를 공식적으로 진행할 시스템이 없다면, 한국에 직접적으로 영향을 주는 중국의 대도시나 지역에 일종의 '친선대사'를 파견하는 것도 좋은 방법이다. 중국은 유럽 대륙처럼 여러 국가의 연합체나 마찬가지다. 따라서 진지하게 중국을 바라보고 섬세하게 파악하는 자세가 필요하다. 나는 한국 서점에서 관광 가이드북을 제외하고 중국을 각 도시나 성으로 나누어 자세한 정보를 제공하는 책을 찾아보지 못했다. 중국에 관한 출판물은 대부분 놀라울 정도로 초점이 제한적이다.

현재 한국 정부의 부처나 기업은 대부분 중국의 특정 지역에 대한 전문성을 키우는 면에서 겨우 걸음마를 뗀 단계다. 시간이 많지 않다. 한국이 중국의 지적·문화적 발전을 의도적으로 무시하는 행태는 지극히 위험하다. 많은 한국인이 오늘날 중국에서 벌어지고 있는 정치·경제적 논의에 대해 전혀 모르는 게 현실이다. 중국 스스로가 생각하는 세계 속 중국의 역할에 대한 이해도 부족하다.

중국 내에서 벌어지는 논의는 한국에 직접적인 영향을 미치게 될 것이다. 한국인들이 중국의 주요 저자들로부터 차단된다면 한국에 직접적인 영향을 미칠 중국의 여러 세력으로부터 완전히 격리되는 것이다. 두 나라 사이의 밀접한 관계를 놓고 보면 결코 '모르는 게 약'이 될 수 없다.

중국을 진지하게 생각해야 할 때가 왔다. 그렇다고 매사 중국에 동조하라는 것은 아니다. 대부분의 중국인은 중국이 엄청난 문제들을 끌어안고 있다는 점을 기꺼이 인정한다. 하지만 인식의 전환은 꼭 필요하다. 한국이 중국과 협업하고 중국에 긍정적인 영향을 미칠 수 있는 첫걸음이 바로 인식의 전환이다. 한국과 중국 사이의 교역량을 늘리는 게 아니라 지적·문화적 교류를 대폭 확대해야 한다는 인식이다.

우리는 중국인들이 투명성을 높이고, 공해를 줄이고, 이미 엄청난 규모이긴 하지만 세계와 교류를 확대하는 데 도움을 줘야 한다. 그렇게 하려면 우리는 우선 중국과 중국의 사안들을 이해해야 한다. 달리 길이 없다.

한국의 교육과
나의 자녀들

나는 다양한 범위에서 한국 교육을 경험했다. 10년간 한국 대학에서 학생들을 가르쳤고 고등학생 대상의 강의도 많이 했다. 또 중학생과 초등학생을 만날 기회도 있었다. 아시아 인스티튜트 세미나에서는 모든 연령대의 학생들을 만났다. 나는 강의실에서 윤리에 대해 말하고, 냉정한 진실을 추구하는 교육을 하고자 애써 왔다. 그 노력은 성공적일 때도 있었지만, 때로는 깊은 견해를 드러내기에 한국에 대한 나의 이해가 부족하다는 점을 인정해야만 했다.

그러나 교육 현장에서 가르칠 때보다, 이 나라에서 자라고 있는 나의 자녀들을 지켜보면서 한국 교육에 대해 새롭게 느끼는 것들이 더 많다. 내 아들 벤자민은 16세, 딸 레이첼은 13세다. 두 아이의 나이 차이는 크지 않지만 한국을 경험하는 시기는 몇 년의 차이가 있었다.

벤자민은 워싱턴 D.C. 근처의 버지니아주 폴스처치에서 1학년을 다니다, 2007년에 나와 함께 한국에 왔다. 한국에 처음 왔을 때 아들의 습관과 사고는 꽤 미국적이었다. 아들은 서울의 한 초등학교 1학년에 입학했고, 빨리 적응하기 위해 한국어로 가르치는 평범한 동네 학원에도 다녔다. 벤자민은 상당히 빠르게 한국어를 익혔고 곧 교사의 말에 잘 따를 수 있었으며 글쓰기에도 능력을 보였다.

그러나 한국 학교에서 벤자민의 문제점은 언어가 아니라 문화적인 것이었다. 아들의 문화적 정체성은 한국 교육과 맞지 않았다. 아들은 주위 학생들에게 계속해서 이런 질문을 받았다.

"너는 한국 사람이냐? 미국 사람이냐?"

그리고 일부 학생들이 반복적으로 벤자민의 이질적인 외모에 대해 이야기했다. 이 때문에 벤자민은 친구들과 평범하게 지내기 힘들어했다.

물론 초등학교 때 몇몇 좋은 친구들도 사귀었다. 그러나 대부분은 벤자민을 자신들의 그룹에 받아들일 생각이 없어 보였으며 먼저 다가오지도 않았다. 벤자민의 습관과 사고가 너무 미국적이기 때문이기도 했지만, 대부분은 단지 그들의 문화와 아들의 문화가 잘 맞지 않아 일어나는 일이었다. 특히 벤자민이 마주친 많은 문제는 외모와 직접 관련이 있었다.

미국에서 공부한 나의 한국인 친구들 중에도 자녀를 한국의 학교에서 공부시키기 위해 귀국한 이들이 있다. 그 아이들 중에는 벤자민보다 한국어를 못하는 경우도 많았다. 그러나 대부분 1학기 혹은 일정 시기가 지나면 수업 진도를 맞췄고, 1년이 넘으면 학교생활에 완벽하게 적응하는 듯했다. 벤자민은 한국인과 다른 외모 때문에 적응이 어려웠을 것이다. 한국 학생들은 그들의 정체성을 확립하는 요소인 '민족성'을 중요시 여기는 사회에서 자랐기 때문에, 민족적으로 한국인이 아닌 사람을 쉽게 받아들이지 못한다.

심각함을 느낀 아내는 아이를 국제 학교에 보낼 것을 결심했다. 나는 강력하게 의견을 내비치지는 않았지만 충분히 이해했다. 사실 국제 학교나 외국인 학교는 학비가 너무 비싸다. 그러나 우리 부부는 벤자민을 그곳에 보내야 했고 여유가 없어도 감당해 내야 했다. 우리는 다행히도 비교적 저렴한 국제 학교를 서울에서 찾아낼 수 있었다.

딸 레이첼은 겨우 3살 때 한국에 왔다. 딸은 기본 언어로 한국어를 쓰며 자랐고, 한국어로 한국인들에게 꽤 자연스럽게 다가갔다. 외형적으로는 그다지 한국인처럼 보이지 않았기 때문에 학교에서 상당한 관심을 끌었다. 5학년까지 공립학교를 다니는 동안 많은 친구들이 딸에게 '관심'을 보였다. 하지만 레이첼은 벤자민이 겪은 것만큼 괴로움을 느끼지는 않았다.

레이첼은 한국 학교에서 꽤 잘 지냈으며 심지어 부회장으로 선출되기도 했다. 지금도 딸아이는 대부분의 친구들과 한국어로 소통한다. 아들 벤자민이 가능하면 영어 사용을 선호하는 것과 대조적이다.

그러나 레이첼도 한국에서 자라면서 몇몇 문제를 맞닥뜨렸다. 그녀는 다소 독립적인 성향이 있어 순응주의와 시험 중심의 학교 문화에 적응하기 어려워했다. 우리는 딸을 한 학기 동안 플로리다에 있는 삼촌 집에 보내 공부하도록 했고, 이어 오빠 벤자민이 다니던 국제

학교에 등록시켰다. 딸아이는 영어 수업에 잘 적응했지만, 여전히 영어는 그녀의 기본 언어가 아니다.

한국인들은 미국 교육을 높이 평가하는 경향이 있다. 왜냐하면 한국인들이 보는 미국의 교육이란 시카고, 뉴욕, 샌프란시스코, 애틀랜타, 로스앤젤레스 근교의 부촌에서 이루어지는 중상류층의 교육이기 때문이다. 한국인들은 그것을 미국 교육의 보편적 실상이라고 여긴다. 하지만 보통 미국인이 어떤 교육을 받는지 알게 된다면, 혹은 가난한 미국인들이 어떤 교육을 받는지 보게 된다면, 비교할 것도 없이 한국 교육이 훨씬 더 낫다는 걸 깨달을 것이다. 미국 교육은 모든 사람을 인간답게 대해야 한다는 교육의 본질을 망각했으며 공교육 시스템이 상당 부분 붕괴된 상태다.

물론 한국 교육이 미국의 일반 교육보다 더 낫다고 하더라도, 미국에서는 가난한 집안의 젊은이들이 한국인들처럼 자살하지는 않으며 불행해하지도 않는다.

우리는 교육의 방향을 전환해야 할 필요가 있다고 절실히 느낀다. 그러나 실제 현장은 아주 느리게 움직이고 있다. 많은 학생들이 '개개인의 목표를 위해 교사와 함께 노력하는 것'을 교육이라고 여기기보다, '돈으로 구매할 수 있는 서비스'를 교육이라고 생각하는 것처럼 보인다.

한국의 많은 학생들이 어린 시절부터 학습을 시작한다. 시험 문제를 풀기 위해 많은 숫자, 분리된 사실, 접근법들을 암기해야 한다. 한국의 학생들은 한 발자국 물러서 어떻게 세상이 돌아가는지 생각해 볼 기회가 거의 없다. 상황이 어떻게 전개될지에 대해 스스로 생각하고 대처하도록 훈련받는 경우도 극히 드물다. 시행착오를 겪으면서 과학적인 방법으로 견해를 조율해 나가는 훈련도 거의 받지 않는다.

그래서인지 한국 학생들은 엄청난 양을 알고 있는 듯 보여도, 종종 세계를 보는 관점이나 사물의 작동 원리 등 이론과 지식으로만 습득한 사실들을 서로 통합하지 못한다. 세계를 이해하기 위한 자신만의 모델을 설정하는 교육을 받아 본 적이 없는 것이다.

또 한국 학생들은 '왜'라는 질문을 하지 않는다. '왜 그것이 그런 방식으로 작동하지?', '왜 우리 사회에 이런 분위기가 팽배해 있지?' 이런 종류의 질문들은 한국의 교육 과정에서 배움에 속하지도 않고, 삶의 다른 경험들에 대해 묻는 일은 좀처럼 일어나지 않는다. 학생들은 어떻게 사물이 작동하는지에 대해 자신만의 이론을 정립하는 경험을 해본 적이 없다. 대신 시험에 나오는 정답만 진리라고 믿는다. 때문에 한국의 학생들은 정보 습득에 의존하며 수동적인 성향을 보인다. 그렇지 않은 학생들이 있지만 상대적으로 그 수가 적다.

이제 학생들은 어떻게 세상이 돌아가는지에 대해 상상하고, 그 상상에 근거해 예상 답안을 스스로 만들어 나갈 수 있어야 한다. 이후 실제 관찰에 근거해 자신이 작성한 가설을 지워 나가야 함은 물론이다. 그 과정은 과학적 상상력의 중요성을 인지시켜 줄 것이며, 학생들이 더욱 자주적으로 자신만의 결론을 찾아가도록 도와줄 것이다.

한국의 교육은 경쟁을 유도하고 경쟁이 최고의 학습 방법이라고 여긴다. 그러나 사실 최상의 배움의 길은 자신이 열정을 품고 있는 주제를 찾고, 다른 사람들과 한 팀이 되어 함께 그것을 배워 나가는 것이다. 분리된 사실들을 암기하는 것과 반대로, 진짜 이해는 공동 목표를 향한 호기심과, 협력에 의해 결론을 도출하는 자유 토론, 책 읽기와 글쓰기 과정으로부터 나온다. 한국 학교들이 그러한 교육을 제공하지 않는 한 아이들의 배움은 제자리에 머물 수밖에 없다.

마지막으로 한국의 영어 교육에 대해 이야기하고 싶다. 나 역시 한국에서 두 아이를 키우는 아버지로서 사교육에 올인 하는 한국 부모들의 열정을 충분히 이해한다. 특강을 가거나 학부모들을 만나면 어김없이 영어 교육에 대해 질문한다. 그 궁금증에 답을 하자면 다음 몇 가지로 정리할 수 있다.

첫째, 영어 교육은 절대 돈으로 사는 것이 아니다. 자녀가 영어 공부를 하면 부모 역시 영어에 대해 관심을 가지고 진심으로 함께 참여해야 한다. 자녀가 영어 책을 읽고 난 후 그 내용에 관해 토론하는 환경을 만들어 주어야 한다. 둘째, 영어 교재의 내용은 아이들이 생활하는 환경과 관련된 것이어야 한다. 먼 나라 이야기가 아니라 한국 생활과 관련된 내용이어야 한다는 것이다. 예들 들어 교재로 미국의 역사 교과서를 사용하는 경우가 있는데 미국 교과서에는 미국 학생들이 만나는 생활환경이 담겨 있다. 따라서 한국 학생이 어색하게 느껴질 묘사나 표현이 있을 것이다. 영어 교재는 우리가 살고 있는 세상을 묘사한 것이 가장 좋다. 셋째, 외국어와 외국에 대한 공부를 하려면 우선 자신의 문화에 대해 알고, 자신감을 가져야 한다. 무조건 영어만 잘하면 된다는 생각은 왜곡된 결과를 가져올 것이다. 미국(영어권 나라)과 한국은 평등하다고 생각해야 한다. 단순한 어학 공부는 자칫하면 우리 자녀들을 뿌리 없는 나무로 자라게 한다. 넷째, 열심히 암기하는 것도 중요하고 발음도 중요하지만 자신의 경험과 무관한 공부는 의미가 없다고 생각한다. 영어 역시 자신의 미래를 위해 공부한다는 의미를 부여해야 한다. 예를 들면 자신이 관심 갖는 주제를 다룬 내용을 공부하고 여건이 된다면 자기 또래 아이들과 메일로 교류하거나 공동 과제를 풀어 나가는 등 체험을 하게 되면 자연스럽게 영어 실력을 쌓을 수 있을 것이다.

한마디로 공부의 비법은 미국이든 한국이든 통하지 않는다. 가장 효과적인 방법은 부모가 공부하는 모습을 보여 주는 것이다. 재차 강조하지만 암기보다는 학습 초기에 호기심, 흥미, 매력을 느끼게 하고 서서히 공부의 양을 늘리는 것이다.

4 부

한국인의 잠재력, 그리고 그리고 선조들이 남긴 문화

한국인은
왜 독립적 사고를 못 할까

한국에 살면서 의아한 점이 하나 있다. 한국에는 훌륭한 고등 교육을 받거나 하버드와 예일, 스탠포드 등에서 유학한 사람들, 기계공학부터 공공 정책, 외교 등에서 뛰어난 지식과 식견을 갖춘 사람들이 차고 넘치는데, 그럼에도 한국은 국제 이슈에 관해 자국만의 비전과 시각을 제시할 능력이 없어 보인다는 점이다. 한국의 인재들은 북한 및 동아시아 이슈에 대해서는 훨씬 뛰어난 통찰력을 갖고 있으면서도 그저 전략국제문제연구소의 마이클 그린, 프린스턴대학의 존 이켄베리 등 미국 전문가가 쓴 글을 해석하고 받아들이는 데 온 힘을 쏟는다.

이런 상황은 매우 심각한 문제다. 현재 미국은 '대통령직'을 떼돈 버는 수단으로 인식하는 억만장자 무리와 이들의 충성스러운 부하, 국익보다 금융 자본을 위해 일하는 전문 공무원과 정치인 사이에서 정국 마비를 겪고 있다. 지금 미국 정부는 어떤 정책도 제시할 능력이 못 되는 실정이다.

따라서 미국은 일본과 중국, 북한 등 나라의 상황 변화에 대해 유의미한 대응은 고사하고 자국을 위한 장기 계획조차 구상하지 못한다. 아베 정권의 권위주의 확대를 미화하고, B급 영화에 나온 김정은의 희화화된 이미지를 내보내며, 기회가 있을 때마다 중국의 추격에 대해 어두운 암시를 던지는 게 현재 미국 정책의 기조다. 여기에는 미국의 제도 쇠락을 결코 인정하지 않으려는 현실 부정이 깔려 있다.

반면 현재 한국의 문재인 정부는 전 세계 어느 정부보다 확실한 정당성을 갖추고 있다. 게다가 한국은 독립적 정책 구상 및 동아시아 미래 제안을 위한 전문성과 노하우도 보유하고 있다. 그런데도 이런 장점을 활용하지 않고 미국과 일본에 의존해 방향을 찾으려 한다면, 오히려 망망대해에서 길을 잃게 된다. 경제와 거버넌스, 안보 및 외교에서 미국보다 새로운 해결책을 제시하고 주도권을 쥘 수 있음에도 불구하고 왜 한국은 서구, 그중에서도 미국에 그렇게 의존하는 걸까?

중국과의 관계 개선도 마찬가지다. 한국에는 중국어를 할 줄 알고 중국 정치 및 경제를 깊이 있게 이해하며 고등 교육까지 받은 인재들이 많다. 고립주의를 신봉하며 철저하게 반反지성적인 트럼프 정부가 워싱턴에 자리를 잡고 앉은 만큼, 이 문제에 대한 해결책을 제시할 쪽은 미국이 아니라 한국이다.

그러나 지금 상황은 결코 그렇지 않다. 한국 대학의 소장파 교수들을 보면, 오로지 SSCI 저널에 논문을 기고해야만 좋은 평가를 받는 가혹한 시스템에서 살아남기 위해 잘못된 가정 속에 수립된 미국의 외교 정책을 받아들여야만 한다고 생각하는 것 같다.

스스로도 핵확산 방지 조약을 지키지 않으면서 북한의 위협만 강조하는 미국의 모순은 미국 학자들의 논문에서 결코 언급되지 않지만, 그럼에도 한국 교수들은 이들의 논문을 인용해야 한다. 북한을 핵보유국으로 보고 행동하면서도 북한을 핵보유국으로 인정할 수는 없다는, 미국의 말도 안 되는 주장도 받아들여야 한다.

한국은 미사일과 항공기에 대한 강박에서 벗어나 기후변화를 비롯한 지구적 위협에 대해 논의하도록 새로운 장을 열어 줄 혁신적이고 창의적인 안보 정책을 만들어 낼 여지가 충분히 있다. 중국이나 중앙아시아, 동남아시아가 어떻게 돌아가는지에 대해서는 한국이 미국보다 훨씬 실질적인 정보를 가지고 있다. 따라서 아주 혁신적이고 파격적인 이론을 구축할 능력도 있다. 그럼에도 불구하고 어떤 이유에서인지 한국은 그렇게 하지 못하고 있다. 서글픈 수동성이 한국의 정책 입안을 지배하는 형국이다.

물론 별다른 능력 없이도 높은 자리로 올라온 소위 '전문가'라는 사람 소수가 미디어와 정책을 장악한 현상은 한국만의 문제가 아니라, 이데올로기 체계가 쇠퇴하고 지적 탐구 대신 물질적 소비를 우선시하는 지구 전체가 겪는 현상이다.

그래도 이 문제는 한국에서 특히 심각하다. 필리핀을 살펴보자. 한국보다 소득과 교육 수준이 훨씬 낮은데도 미국을 상대로 솔직하게 자기주장을 한다. 수빅만(Subic Bay) 해군기지를 폐쇄했고, 대통령이 중국을 국빈 방문했을 때에는 미국 정책에 대해 공개적으로 불평하기도 했다. 미성숙한 행동이긴 했지만, 그렇다고 미국과 필리핀의 관계가 끝나지는 않았다.

한국이 자신의 입장을 분명히 내세우지 못하는 이유 중 하나로 오랜 식민 지배의 영향을 꼽을 수 있다. 당시 겉으로는 '문화 통치'를 내세우며 유화 정책을 펼쳤던 일본은 다른 한편에선 무서운 탄압을 멈추지 않았다. 부드러운 가죽 장갑 안에 쇠주먹을 감춘 일본 식민 당국의 지시에 따라 한국의 지식인과 공무원은 우선순위와 생각을 조정해야 했다.

이와 비슷하게 미국의 문화와 지시를 과도하게 존중하는 자세가 한국인의 마음속에 남아 있다. 그래서인지 한국은 미국 지식 계급의 심각한 쇠락과 정치문화의 대대적 후퇴를 비판적으로 바라보지 못한다. 미국의 교육제도에 대해서도 확실히 이런 선입견이 형성되어 있다. 한국에서는 프랑스나 독일, 일본, 네덜란드, 이탈리아, 스페인 등지에서 석·박사 과정을 마친 사람이 상대적으로 적다. 심지어 영국도 찾아보기 힘들 정도다.

그런데 뛰어난 고등 교육을 받은 한국의 지식인들이 입장을 명확히 밝히지 못하고 미국의 터무니없는 요구에 따르기 위해 엄청난 노력을 기울이는 이유를 식민 시대 사고방식의 탓으로만 돌리기에는 부족함이 있다.

이와 함께 강대국을 섬기는 '사대의 예禮'라는 관행을 들 수 있다.

이는 과거 한국과 중국의 관계로 거슬러 올라가야 한다. 조선 왕조는 사신을 중국에 보내 중국 황제에게 공물을 바쳤다. 유교의 예에 의거해 중국의 천자만이 천제를 지낼 수 있었기 때문에 조선의 왕은 자국 영토에서조차 천제를 지낼 수 없었다.

한국이 한국만의 입장을 내세우는 걸 어려워하는 또 다른 문화적 원인은 바로 한국이 두 개의 정치 이데올로기 체제로 나뉜 분단국가라는 현실이다. 서울 도심을 별 생각 없이 걸을 때에는 북한의 존재가 느껴지지 않는다. 북한에 관한 언론 보도는 많지 않고, 대화 중 북한 이야기를 꺼내는 사람도 별로 없다. 그럼에도 불구하고 북한은 한국의 문화에 분명 영향을 미치고 있다. 북한은 자기만의 방식으로 '한국스러움'을 만들어 내고 다수의 한국인을 무의식 속에서 지배하고 있다. 어디에서든 보이지 않는 영향력을 행사하며, 한국의 문화 구조를 미묘하게 뒤틀고 한국인의 사고를 은밀하게 왜곡시킨다. 한국이 부자연스러운 분단국가로 남고 북한의 존재를 계속 부인하는 한, 이런 왜곡 또한 지속될 것이다.

북한의 존재를 집단적으로 부인해도 분단의 비극이 한국인에게 엄청난 정신적, 심리적 부담을 준다는 사실은 피할 수 없다. 뭐가 잘못됐는지 설명할 수 있는 사람은 거의 없지만, 무언가 잘못됐다는 사실만은 분명하다. 분단의 아픔 때문에 한국인은 한국의 교육과 경제력, 오랜 문화적 전통을 하나로 모아 온전히 활용하는 데 어려움을 느낀다.

1960~1970년대 한국의 급격한 경제적 성장을 최고 업적이자 자

부심으로 꼽는 것 또한 한국인들이 자신만의 의견을 제창하는 데 방해가 되는 요소다. 대개는 이런 주장을 진리처럼 서슴없이 토로한다.

조선은 현실과 동떨어지고 독재적인 양반계급의 지배를 받으며 추상적 유교 철학에만 집착했다. 이들은 근대화에 실패했고, 결국 나라는 구제불능의 수준으로 뒤처졌다. 다행히 이후 비전과 의지를 갖춘 유능한 지도자들이 나와서 서구 기술과 노하우를 한국에 도입했다. 이들은 국민의 힘을 한데 모아 1960~1970년대 한국의 현대화와 산업화를 성공적으로 이끌었다.

이 내러티브는 한국 고유의 문화가 지닌 우수성을 완전히 무시할 뿐 아니라, 박정희 전 대통령을 비롯한 정치인을 쓸데없이 '슈퍼맨급' 영웅으로 미화시킨다.

중요한 건 이런 주장이 식민 시대 정당화를 위해 사용했던 논리와 동일한 흐름을 가진다는 점이다. 주체와 연도 등 세부 내용만 약간 고친 정도다. 1930~1940년대 한국의 '현대화를 돕기 위해' 일본이 개입한 것처럼, 1960~1970년대 한국의 '현대화를 돕기 위해' 박정희 등이 나섰다고 말하고 있다. 잘못된 역사관을 고치지 않고 국가 발전을 위해 기울였던 17~18세기의 수많은 노력을 한국 역사에서 통째로 삭제한 채 한국인과 외국인에게 내보이는 것이다.

전통 문화를 계승하지 못하고 공백으로 남겨 두었기 때문에 서구 문화를 비이성적으로 미화하고 개발과 외교, 안보뿐 아니라 도시계획과 설계에서까지 자체적인 아이디어를 내는 게 힘들어졌다. 그 결과, 고학력 지식인들은 한국에 대해 자신보다 잘 알지 못하고 유능하지도 않은 미국 정책 입안가의 잘못된 가정을 기반으로 신문 기사를 쓰고 외교 및 안보 정책을 제안한다.

마지막으로, 19세기 식민주의의 진정한 본성을 파악하고 이것이 지금 우리에게 어떤 영향을 주는지 고찰해야 한다고 강조하고 싶다. 강대국이 되고자 하는 한국의 야망은 19세기 국가 건설에 사용됐던 제국주의적 모델에 뿌리를 두고 있다. 산업 경제력과 자연 자원을 통해 나라를 발전시킨다는 원리는 제1차 세계대전을 일으킨 열강들의 치열한 경쟁에 그 뿌리를 두고 있다.

한국에서는 이런 제국주의적 역학 관계가 현재 세계 곳곳에서 증가하고 있는 갈등과 어떻게 연관되는지에 대한 논의를 금기시하고 있다. 한국이 뛰어넘고 싶어 하는 미국과 영국, 프랑스, 독일, 일본 등 선진국은 20세기 복잡한 제국주의 체제를 완성한 바로 그 국가들이다. 미국의 경우 제1차 세계대전 전까지는 제국주의 야욕을 자제한 편이었지만, 지금은 그 반대다.

식민지를 보유해야 하는 제국주의는 지난 150년간 프랑스나 일본 등의 정치 및 경제에 심대한 영향을 미쳤다. 국익에 영향을 주는 식민 영토가 해외의 먼 곳까지 퍼져 있었기 때문에 이들은 자국 문화의 가치를 해외에 널리 알리고 지배를 정당화하기 위해 복잡한 관료제를 구축했다. 이들 열강은 자국의 예술과 문화, 철학, 거버넌스, 역사가 가지는 우월성을 찬양하는 문헌으로 학문적 토대를 구축했다. 식민지 시민을 교육하기 위해 필요한 절차였다.

한국은 이런 식민화의 피해국이었다. 해외에 자국 문화를 적극적으로 소개하는 노하우를 구축할 시간도 없었다. 한국의 위대함에 대해 다른 문화권의 마음을 사로잡을 만한 매력적인 신화를 만들어 내지도 못했다. 물론, 다른 국가와 달리 자국의 문화를 번드르르하게 소개하지 않는 소박함이 한국의 강점이기도 하다.

그러나 그런 제국주의적 전통이 없기 때문에 한국은 불리한 입장에 있다. 일본과 프랑스, 독일은 지난 140년간 끊임없는 편집과 보완을 통해 외국인을 위한 자국어 교재를 개발했고, 해외에서 자국의 '팬'을 키워 내기 위해 장기적 계획도 수립했다. 문화를 통한 정치에 통달한 셈이다. 한국은 1990년대 와서야 문화를 본격적으로 해외에 홍보하기 시작했는데, 아직까지도 내실이 부족하다.

이런 복합적인 원인들이 한국이 국제 관계에서 자국 문화와 지정학적 입지에 기반한 고유의 입장을 제시하지 못하도록 막고 있다. 일본과 미국의 정계에서는 자신의 이익만 지키려는 소수 군벌과 억만장자들이 의사결정 과정에서 전문가 집단을 배제하고 혼란을 이어가고 있다.

한국이 안보 및 외교에서 고유의 역사·문화 인식을 바탕으로 자국의 관점을 제시할 수 있어야 한다. 그래야만 한국어는 단 한 마디도 모르면서 자칭 '한국 전문가'라 주장하는 워싱턴의 학자 및 정치인이 강요하는 내러티브에 효과적으로 맞설 수 있다.

'수학'이 다스리는 나라
대한민국

나는 우리 학생들이 미래를 걱정하며 '앞으로 무엇을 해야 할지 막막하다'고 말하는 것을 들을 때마다 몹시 가슴 아프다. 나를 안타깝게 만드는 것은 단지 그들이 좋은 일자리에 취업할 수 있을지에 대한 불확실성만은 아니다. 학생들이 일상의 표면 아래에 감춰진 어떤 보이지 않는 힘이 끊임없이 솟구쳐 올라와 자신들의 발목을 붙잡는다고 느끼는 삶 자체가 너무나도 안타깝다. 한국 사회는 그들 모두가 인간으로서 본질적인 가치를 지니고 있다는 것을 인정하려고 들지 않는다.

한국인들이 하는 모든 일은 일단 숫자로 변환된다. 숫자로 순위를 매긴 다음에야 어떤 일의 가치가 인정받는다. 그런 과정을 거치는 게 마치 위반하면 안 되는 법칙처럼 돼 버렸다. 한데 랭킹은 우리의 일상적 체험으로부터 멀리 떨어진 곳에 있는 어떤 객관적인 기준에 바탕을 둔 것이어야만 한다.

숫자가 다스리는 나라에서 살고 있는 우리는 사람들에 대한 판단을 내릴 때에 그들이 주변 사람들과 어떻게 상호작용하는지, 그들이 일상적인 활동을 통해 우리의 문화와 조직에 어떻게 공헌하는지를 고려하지 않는다. 대신 우리는 수학적인 방정식을 동원해 사람의 가치를 결정한다. 예컨대 우리는 '몇 개의 IT 기기를 팔았는가', '사회과학 논문 인용 색인(SSCI)에 논문을 몇 편이나 게재했는가', '몇 대의 자동차를 점검했는가' 등과 같은 질문을 한다. '수학'은 한국에서 가치를 매기는 최종적 결정권자가 됐다. 그 어떤 공헌도 양적으로 가늠할 수 없으면 인정되지 않는다.

나는 우리 학생들이 혼란스러워하는 중요한 이유가 있다고 생각한다. 그들이 한국 사회에 내재돼 있는 끔찍한 '폭력'에 대해 모르기 때문이다. 이 폭력은 지극히 복합적인 인간의 체험, 식구들이나 공동체 혹은 자연 세계와 '나'라는 개인 사이에 벌어지는 본질적으로 미묘하면서도 다차원적인 상호작용이 끊임없이 랭킹으로 단순화돼 표현되는 것이다. 랭킹이라는 숫자는 어떤 개인이나 조직, 심지어 나라 전체의 가치를 대변한다.

이처럼 인위적인 방식으로 사회에 존재하는 여러 가치를 수리적으로 바꿔 놓으려는 욕구의 원천은 무엇일까. 그것은 한국인으로서 다른 한국인을 판단할 경우, 필연적으로 부패가 끼어든다는 우려가 있기 때문이다. 부패를 차단하려면 수학적인 평가라는 보다 객관적인 기준이 필요하다는 것이다. 하지만 인간 체험에 대한 이런 2차원적인 접근법은 인간 체험을 '평준화'시켜 버린다. 그 결과 우리에게는 공허함만이 남는다.

교수로서 나는 교수진에 대한 평가가 좁은 범위의 학술지에 몇 편의 논문을 게재했느냐로 평가된다는 사실이 놀랍다. 교수들이 쓰는 글에 어떤 의미가 있는지는 전혀 평가받지 못한다. 그들이 멘토·동료·시민·작가 혹은 철학자로서 어떤 일을 하는지는 관심 밖이다. 학술지에 몇 편의 논문을 발표했는지는 컴퓨터로 쉽게 셀 수 있다. 하지만 글을 포함해 한 교수가 하는 일의 중요성과 의미를 평가할 수 있는 사람은 그 일에 대해 깊은 이해가 있는 사람들뿐이다.

교수보다 우리 학생들이 처한 상황은 훨씬 더 나쁘다. 그들의 복합적인 개인 체험은 일자리를 지원하는 과정에서 '스펙'이라는 묶음으로 변환된다. 마늘이 마늘 으깨는 기구에서 겪게 될 운명과 같은 삶이 학생들을 기다리고 있다. 비극은 단지 학생들에게 돌아갈 일자리 수가 충분하지 않다는 게 아니다. 젊은이들을 저마다의 존재 자체로 평가하지 않는다는 것 자체가 더 큰 비극이다. 그들에게 척도에서 차지하는 숫자를 묻는 게 아니라 그들이 무엇을 추구하는지를 물어야 한다. "당신에게는 어떤 것들이 근본적인 가치입니까?"를 물어야 하는 것이다.

사람의 가치를 이해하는 복합적이고 뉘앙스가 있는 방식을 찾아내는 것은 가능하다. 하지만 이를 위해서는 사람을 화폐 단위로 정의하지 않는, 사람과 사람의 관계를 만들어 나가야 한다. 모든 사람의 체험과 공헌을 온전히 평가하려면 사람들 사이에 장기적인 관계를 구축해야 한다.

한국 사회의 근본적인 인식론적 질서에서 최상의 자리를 차지하는 것은 경제다. 경제는 그저 국내총생산(GDP)이나 이자율이나 수출 같은 숫자로 정의될 뿐이다. 그다음 자리를 차지하고 있는 것은 기술이다. 하지만 기술의 중요성을 보여 줄 때 우리가 사용하는 것은 매출이나 이윤이다. 역시 숫자다. 기술이 사회에 실제로 미치는 긍정적이거나 부정적인 영향은 중시되지 않는다.

문화는 '질서 더미'의 밑바닥에 깔려 있다. 문화는 개인의 삶을 풍부하게 하는 활동이나 주말에 긴장을 푸는 휴식 정도로 인식된다. 사실 우리를 궁극적으로 정의하는 것은 문화다. 문화는 우리의 가치를 설정하며 우리의 삶에 의미를 부여한다. 우리가 통계에 집중하면서 미묘하거나 섬세하거나 어떤 때에는 모호하기까지 한 문화의 본질을 외면한다면, 우리는 앞으로 더 빨리 갈 수는 있겠지만 우리의 진로에 대한 통제력은 상실할 것이다. 또한 우리가 왜 거기로 가는지도 알 수 없게 될 것이다.

효孝는 한국인의
진정한 정체성이다

나는《한국인만 모르는 다른 대한민국》을 쓸 때, 한국의 전통문화 중 어느 부분이 한국의 미래 발전에 청사진 역할을 하게 될지 가늠해 보느라 많은 시간을 보냈다. 특히 한국의 미래에 효도가 차지하게 될 가치에 대해서 한 챕터를 쓰기로 하고 개요까지 작성했다. 하지만 결국 그만뒀다. 한국 친구들의 반응이 미적지근했기 때문이다.

한국 사람들은 효도가 의무라고 말하지만 딱히 효도에 열성을 보이지 않는다. 하지만 조선 시대의 효도는 하나의 예외적인 태도가 아니었다. 효는 추상적인 도덕과 구체적인 실천 사이에 다리를 놓는 윤리 체제의 핵심이었다. 효도는 또한 개인 영역과 공공 영역을 한데 묶어 지속 가능한 정치체제를 만들었다. 18세기 중국인들은 한국의 효도를 높이 평가했다. 중국인들은 연장자와 조상에 대한 한국인들의 공경심을 문명사회의 징표로 간주했던 것이다.

그렇기에 한국의 미래를 설계할 때 효도 개념을 뒷전에 두겠다는 생각은 잘못된 것이다. 안동에 있는 유교랜드를 방문한 적이 있는데 디오라마 장치들이 웅장한 유교랜드 건물을 가득 채우고 있었다. 만화에서 튀어나온 것 같은 인물들이 등장해 유교적 가치를 전시하고 있었다. 이 테마파크형 전시 체험관의 취지를 충분히 이해할 수는 있었지만, 유교적 덕성의 함양은 뒷전으로 하고 관람객 유치만 목적으로 한 것 같아 아쉬웠다. 12세 이상의 관람객을 끌어모을 만한 콘텐츠는 별로 눈에 띄지 않았다.

우리 사회에는 효도라는 개념에 내재한 타인에 대한 측은지심惻隱之心이 절실히 필요하다. 한국은 이제 자식들이 노부모를 내다 버리는 일까지 발생하는 나라가 돼 버렸다. 마찬가지로 가족으로부터 소외된 나머지 절망 속에서 자살하는 젊은이도 속출하고 있다.

영국 철학자 버트런드 러셀(1872~1970년)은 1920년 베이징에서 일 년 동안 체류하며 강연 활동을 했다. 그는 1922년에 출간된《중국의 문제(The Problem of China)》에서 서구 국가 내에서 '개인의 충성심을 전투 부대로 유도하는 애국주의보다 유교의 효도가 정부를 운영하는 데 훨씬 바람직'하다고 지적했다. 이 말에는 깊은 의미가 담겨 있다. 효도는 개인의 영역과 국가를 연결하는 통합적인 철학의 가능성을 제공한다. 효도 철학은 단순화된 '이념'이 아니며 쉽게 군국주의로 변질될 수 있는 '애국주의'에 의존하지도 않는다.

19세기에 서양 사람들은 한국인들이 지나치게 가족을 강조한다고 비판했다. 하지만 바로 효도가 한국이 제국주의 국가가 되는 것을 막았으며 인간애 넘치는 통치 제도를 유지할 수 있게 만들었다.

효도는 반드시 부흥시켜야 할 한국의 전통이다. 하지만 효도 전통을 부활하기 위해서는 무엇보다 효도를 완전히 새롭게 재해석해야 한다. 그래야 효도가 단지 추상적인 개념이 아니라 살아 숨 쉬는 일상생활의 한 부분이 될 수 있다.

근본적으로 새로운 효도를 만들어 내려면 상상력을 동원하는 게 필수다. 효도의 전통을 오늘에 맞게 재해석하려면 예술가와 작가, 그리고 보통 시민들과 함께 작업하는 지식인이 필요하다. 그러한 작업은 브랜드 추진위원회라든가 홍보 컨설턴트들이 수행할 수 있는 것이 아니다.

우선 효도는 여성에 대한 모든 편견에서 탈피해야 한다. 남성 우월주의를 중심에 둔 한국 사회의 유교 전통은 남녀 구별이 사라진 성 중립적 태도로 바뀌어야 한다. 후손들이 추앙해야 할 조상에는 여성이 포함돼야 하며 여성은 제사 등 유교 의식에 남성과 동등한 방식으로 참가해야 한다. 전통을 개혁하는 데 실패하면 결과는 전통 자체의 소멸이다.

또한 우리는 효도를 도덕적인 의무뿐 아니라 '자기 이해'에 이르는 과정으로도 인식해야 한다. 효도는 우리가 가진 진정한 정체성의 핵심이다. 왜냐하면 비록 우리는 조상에 대해 잘 모르지만, 조상들의 헌신이 낳은 산물이기 때문이다.

스토리텔링이 효도의 전통을 부흥시키는 데 도움이 될 것이다. 부모가 조상에 대해 자녀에게 말해 줌으로써 그들의 생각이나 몸의 구조 그리고 경험이 어떻게 지난 세대의 조상들과 연결되어 있는지 자녀들이 깨닫도록 해야 한다. 효도는 부모-자식 관계를 통해 자기 이해에 도달하게 된다고 주장하는 프로이트적 접근법과 유사하다.

하지만 효도는 보다 건설적인 심리학적 이해를 제공한다. 효도를 통해 자녀의 삶에서 부모가 차지하는 지극히 중요한 역할을 알 수 있다. 추상적인 과학적 분석이 아니라 어버이-자녀 관계의 긍정적인 면을 강화하는 일상의 실천을 통해서다.

한국인의 잠재력,
선조들의 문화에서 찾자

나는 한국이 1등 국가가 될 것이라고 예언하지 않는다. 나의 주장은 한국이 1등 국가로 갈 수 있는 잠재력이 있으며, 그 단초는 한국의 전통문화에서 쉽게 찾을 수 있다는 것, 그리고 이를 잘 계발해 1등 국가로 도약해 보라고 제안하는 것이다. 여기서 1등 국가는 미국처럼 초강대국을 의미하는 게 아니다. 정치·경제·사회·문화적으로 선진 문명을 자랑하는 모범 국가를 말하는 것이다. 이것이 한국이 가야 할 길이다.

특히 한국은 선진국 그룹과 개발도상국 그룹, 중국 중심의 대륙국 그룹과 미국 중심의 해양국 그룹의 중간자적인 위치에 자리해 국제사회에 다양하게 기여할 수 있는 특수 조건을 갖췄다. 물론 조건은 형성돼 있어도, 한국인이 이를 활용하지 않으면 위상은 변하지 않을 것이다.

근래에 한국은 문화결정론의 함정 또는 인종주의나 민족주의로 빠질 위험성이 보인다. 한국은 현재의 프리즘으로 과거를 해석하고 과거의 경험에서 얻은 진실로 현재의 난제를 해결해야 한다. 이러한 커다란 변화를 통해 역사·지리적 서사를 주체적으로 이끌고 한국만의 역사를 만들어야 한다.

우리는 한국 문화의 복잡성 혹은 다양성을 이해해야 한다. 이 과정에서 문화적 결정주의와 인종주의, 순수 단일민족을 주장하는 노선에 안이하게 의존해서는 안 된다. 지금 우리는 경제적 혼란이 국민의 삶을 더욱 피폐하게 만드는 극단적 불확실성의 시대에 살고 있다. 각자가 홀로 표류하는 이 같은 사회에서는 어딘가에 소속되거나 나이외의 세계와 연결 고리를 찾으려는 욕망이 강해진다. 따라서 '같은 피를 가진 우리는 하나'라는 주장이 강력한 지지를 받는 것은 자연스러운 일인지도 모른다. 일부 지역에서는 벌써부터 외국인을 배척하는 조짐이 보인다. 불가피하다고 볼 수도 있지만, 위험한 현상이다. 당장은 위안이 될지 몰라도 한국은 이런 주장을 받아들일 상황이 아니다. 출산율이 낮은 한국에서는 앞으로 다문화 시민의 도움이 절실해질 것이다.

고립주의와 외국인 혐오 문화는 한국이 나아갈 길이 아니다. 그보다는 한국 문화의 외연을 확장해 다양한 출신을 포용하고, 한국의 전통을 보편적이면서 접근 가능한 것으로 만들어야 한다.

문화적 결정주의와 관련해 남북 간 격차를 설명하는 문제도 제기됐다. 한국 전통문화의 특징은 한국에서는 민주주의 발전과 시장경제 발전 등을 견인했지만, 북한에서는 전체주의와 사회주의를 유지하는 수단으로 전락했다.

지난 50년 동안 쉴 틈 없이 성장하며 다양한 사회적 변동을 겪은 한국 사회가 가치관의 혼란을 겪는 것은 당연하다. 그런데도 한국 사회가 통합을 유지하는 것은 놀라운 일이며 그것이 가능했던 것은 정치가 작동했다는 의미다. 한국의 고속 성장은 현재 잘못된 '우정'으로 국민의 신뢰를 저버린 박근혜 전 대통령의 탄핵으로 미궁에 빠졌지만, 지금의 난국은 또 다른 민주 정치의 발전 과정이라 생각한다. 미국은 예산안 문제로 정부가 일시 폐쇄되는 상황인데도 당리당략적 투쟁을 지속하고 있다. 유럽의 정치는 무기력증에 빠졌다는 비판을 받고 있고 일본 정치는 세습주의의 문제가 심하다. 중국은 민주주의가 아직 도래하지 않았고 개발도상국 대부분은 독재 문제로 신음하고 있다. 한국 정치가 한국인의 기대 수준에 못 미치는 건 사실이지만 그렇다고 해서 한국 정치가 진짜로 잘못됐다고 생각하는 것은 객관적이지 않다.

나는 한국인들이 한국의 전통문화를 경시하며 문화적 장점을 긍정적으로 살리는 노력이 부족하다고 생각한다. 한국이 원하든 그렇지 않든, 한국은 수많은 개발도상국의 모델이 되었다. 한국이 선진국의 길을 갈지 개발도상국의 위상에서 멈추거나 후진국으로 전락할지는 한국인이 결정하기에 달렸다. 한국이 모범적 선진국이 되지 못한다면 개발도상국의 사람들에게 많은 실망을 안겨 주리란 점을 무겁

게 받아들여야 한다.

　한국에서 예술과 문화는 소비 상품으로 전락했다. 벽에 예술 작품을 걸어 두는 행위는 자신이 다른 사람보다 부유하고, 세련된 취향을 가졌으며, 상류계급 출신이란 걸 과시하는 방법이 됐다. 더구나 이러한 '보여 주기식' 문화와 예술조차 서구의 문화와 예술인 경우가 압도적으로 많다. 서구의 것이 우월하다는 인식 때문이다.

　관건은 한국인의 강력한 정체성 수립이다. 초등학교에서 세종대왕이 얼마나 위대한지 가르치거나 한국인에게 정이 얼마나 많은지 강조하는 단순한 방식은 해결책이 될 수 없다. 이제는 한국인 스스로가 한국의 문화와 예술을 단순 상품이 아닌, 그 이상의 가치로 인식해야 한다. 문화는 고정된 자산, 가령 금괴처럼 '소유'의 대상이어서는 안 된다. 한국 문화는 5천 년의 역사 동안 쌓인 습관과 사상, 양식의 단순 집합체가 아니다. 그런 종류의 문화는 박물관의 유물 보관실과 다를 게 없다.

　문화의 모든 스펙트럼은 현재에 맞게 끊임없이 재해석돼야 한다. 지금 가장 부족한 건 오늘의 필요에 따라 과거를 생생히 재해석하려는 노력이다.

　한국의 정체성에 생동감을 불어넣기 위한 방법에는 여러 가지가 있다. 예컨대 한국은 다른 개발도상국의 모델이 되는 경우가 많다. 한국인이 환경을 보호하고 낭비를 없애며 부패를 철폐한다면 베트남과 몽골, 우즈베키스탄 등에서도 한국인의 생활 방식을 모방하려 할 것이다. 반대로 좋지 않은 관행 또한 그대로 모방할 것이다. 이렇게 다른 국가에서 한국을 하나의 모범으로 삼는다는 사실을 한국인이 깨닫는다면, 문화는 단순 쾌락을 위한 소비 대상이 아닌 윤리성을 지닌 가치가 될 것이다.

과거 문화의 스펙트럼에서 현재의 난제를 해결하는 방법을 찾아내면 그 과정에서 한국의 문화 정체성을 형성할 수 있을 것이다. '한국인이 된다'는 건 문화와 역사라는 복잡한 구조 속에서 더 나은 미래를 열어 갈 요소를 찾아내는 과정이다. 그리고 이 과정 속에서 갖게 될 역사적 임무, 목적의식은 한국과 그 정체성을 온전히 변혁시킬 수 있다. 현재를 위해, 무엇보다 청년들을 위해 고구려, 고려, 조선 등 과거 선조 문화를 재해석해야만 한다.

한국적 향토 음식을
보여 주자

어느 도지사가 주최한 모임에 초대받은 적이 있다. 전문가들이 모여 도의 기술 발전 정책과 관련해 토론하는 자리였다. 전문가들은 대형 테이블에 둘러앉아 장시간 바이오·나노 기술에 관한 의견을 나눈 후 스타트업 기업 활성화를 위한 계획을 발표했다.

'그림의 떡' 같은 미래를 현실화하려는 논의를 하는 동안 나는 그들이 제공한 간식거리에서 눈을 뗄 수 없었다. 테이블 위에는 화려한 포장의 초콜릿, 쿠키, 캔디가 쌓인 플라스틱 그릇이 놓여 있었다. 그중 내 식욕을 자극하는 건 하나도 없었다. 그게 다가 아니었다. 토론 행사 전체가 도의 홍보를 위해 마련된 것인데도 테이블 위에 놓인 먹거리 중에는 현지에서 생산된 제품이 하나도 없었다. 모임 참가자들에게 간식거리에 대한 선호도를 물었다면, 아마 그들 역시 해당 지역에서 생산한 과일이나 곡식으로 만든 간식을 원했을 것이다. 그 지역만의 특색이 담긴 독특한 풍미의 먹을거리 말이다. 나는 한국이 전통적으로 다양한 종류의 말린 과일, 떡, 견과를 간식거리로 삼아 왔다는 것을 잘 알고 있다. 그것들을 내놓았다면, 완벽한 간식이 되었을 뿐만 아니라 토론에도 큰 도움이 됐을 것이다.

나는 약 8년 전부터 지방정부와 일하고 있다. 일하는 동안 느낀 한 가지는 향토 음식이 토론회 같은 행사의 식탁에 오르는 일이 드물다는 것이다. 아마 행사를 계획하고 실행하는 과정에 대형 음식 업체가 참여하는 관례를 넘어서기 힘들기 때문일 것이다. 도지사 집무실에서 접한 음식 역시 대부분 대형 음식 제조업체가 생산한 것이었다.

'무엇을 파느냐'는 더 큰 문제다. 편의점에는 초콜릿바, 감자칩, 크래커, 나트륨과 포화지방이 많이 포함된 컵라면 등이 놓인 가공식품 진열대들이 가득하다. 굳이 영양가를 따지자면 아쉬움이 많은 음식들이다. 채소나 과일은 찾기 힘들다. 이런 판매 추세는 점점 더 강화되고 있다.

한국 사회의 아이들과 청소년들은 가공식품에 지나치게 노출돼 있다. 심지어 가공식품을 소비하도록 다양한 매체가 부추기고 있다. 하지만 아무도 그들에게 가공식품이 건강에 미치는 부정적인 영향에 대해서는 알려 주지 않는다. 가공식품은 우리 몸에 아주 좋은 음식이라고 할 수 없다. 각 지방에서 생산된 영양가 높은 먹을거리와는 비교조차 할 수 없다.

많은 의학 전문가들은 가공식품을 섭취하지 말라고 권장한다. 고당분 음식이 당뇨병 같은 성인병, 알츠하이머의 발병과 관련 있다는 것이 점차 입증되고 있기 때문이다. 우리는 이미 고당분 음식 섭취가 낳은 결과를 목격하고 있다. 국민건강보험공단이 발표한 자료에 따르면 18세 이하 사람들 중에서 당뇨병 치료를 받는 비율이 지난 10년간 31% 증가했다고 한다. 한 연구에 따르면 2012년 한국의 비만 인구는 전체 인구의 4.2%였다. 2002년의 2.5%에서 급상승했다. 최근에도 비만 인구는 꾸준히 늘어나는 추세다.

최근 일본을 방문했을 때 편의점에 신선한 과일과 야채가 한국보다 훨씬 많이 눈에 띄는 것을 보고 깊은 인상을 받았다. 또한 제품들도 대부분 일본의 각 지역에서 생산된 것들이 많았다. 한국은 한국의 오랜 고영양 식품 전통을 바탕으로 시민들의 건강에 유리한 식품을 얼마든지 공급할 수 있다.

현지 유기농 제품을 편의점에서 팔도록 의무화한다면 건강한 식생활뿐 아니라 지역 경제 활성화에도 도움이 될 것이다. 몸에 좋은 식품을 만들고 사람들에게 좋은 섭취 습관을 권하는 것은 고층 빌딩을 건설하거나 최신형 스마트폰을 출시하는 것보다 훨씬 중요하다.

무엇보다, 소중한 아이들의 건강을 희생시키며 충동적인 식습관 유도로 단기적인 이익을 얻으려 해서는 안 된다. 아이들이 음식을 느리게 먹는 습관과 식재료를 생산하는 농업인들과 땅에 감사하는 마음을 갖도록 해야 한다. 또한 인간 세상과 자연의 필연적 조화를 강조해야 한다.

이렇게 말하면 일부 예민한 사람들은 기분이 상할지 모른다. 그러나 나는 정부가 건강한 음식을 시민에게 제공할 권리와 의무가 있다고 생각한다. 정부는 청년들이 가공식품을 접할 기회가 적어지도록 가공식품을 진열하는 양을 제한하는 규정을 만들고 판매 식품의 표준을 마련해야 한다. 먹을거리와 관련된 것이야말로 정부가 더 큰 관심을 기울여야 할 사항이다.

'밥이 보약', '식약동원食藥同源' 등 음식이 한국 문화에서 가장 중요한 부분이라는 말을 자주 들어 왔다. 하지만 우리가 한편으로 보물 같은 한국 음식이 사라지도록 방치하고 있는 건 아닌지 근심스럽다.

한국의 궁궐은
소박하기에 자랑스럽다

나는 경복궁을 방문한 중국인 관광객들이 하는 똑같은 말을 여러 번 들었다. 베이징 자금성의 웅장함에 비하면 한국의 궁궐은 아주 작고 소박하다는 것이다. 게다가 약간은 무시하는 듯한 말투였다.

한국 친구들은 이런 이야기를 들으면 다소 부끄럽다고 말한다. 하지만 나는 고성古城 한양의 도시계획이 단 한 번도 부끄러웠던 적이 없다.

한국 민주주의의 가장 큰 장점을 살펴보려면 조선 시대 초기로 거슬러 올라가야 한다. 중국 황제는 무한 권력을 휘두른 반면 조선 국왕의 권력에는 명백한 제한이 있었다. 경복궁과 창덕궁에 적용된 설계를 보면 알 수 있다. 이 궁들은 '위엄 있다'는 느낌을 줄 뿐, 궁궐을 바라보는 사람을 압도하거나 왕은 초인이라는 뜻을 내비치지 않았다. 베이징의 웅장한 자금성과 달리 한국의 궁궐들은 북촌에 사는 학자나 관료의 집보다 대단히 크지 않았다. 물론 학자나 관료들의 집 또한 평민들이 사는 집보다 많이 크지 않았다. 프랑스의 베르사유 궁전만 봐도, 서구에서는 극대화한 정치권력을 어떻게 물리적 환경으로 표출했는지 알 수 있다.

1900년쯤의 서울 사진을 보여 주면 학생들은 당혹감을 감추지 못한다. 타운하우스나 넓은 대로가 늘어선 당시의 파리와 비교해 한국은 너무 초라하다는 것이다. 이런 감정에 나는 동의할 수 없다. 1860년대에 파리 개조 사업을 진행한 조르주 외젠 오스만이 얼마나 지역 공동체에 대해 무감각했는지 알게 된다면 근대 파리의 변화가 무조건 잘된 것이라고 생각하기는 어려울 것이다.

1851년 쿠데타를 일으킨 루이 나폴레옹 보나파르트는 황제 자리에 즉위하면서 하급 공무원이었던 조르주 외젠 오스만에게 파리를 완전히 새로운 모습으로 바꾸는 파리 개조 작업을 맡긴다. 그의 계획에 따라 도시 전체가 블록별로 재개발 공사에 들어갔다. 좁고 복잡한 골목 대신 널찍한 대로가 들어섰고, 거대한 타운하우스와 공공건물, 대규모 도시공원과 기념물이 세워졌다.

파리의 건축 기술 수준은 높았고 재개발 계획에는 비전이 있었다. 개발 프로젝트 중 가장 인상적인 작품으로는 샹젤리제와 뤽상부르 공원을 꼽을 수 있다. 그러나 중세 주민의 생활상을 그대로 담고 있던 동네의 모습은 파괴됐고, 새로운 도시 문화의 압도적 이미지와 형태가 사람 사이의 관계를 덮어 버렸다. 과거의 모습이 자취를 감추고 부자연스러운 도시 재건축이 인간 소외로 이어지면서 파리는 치열한

계급투쟁의 전장이 됐다. 황제의 의지를 시민에게 일방적으로 강제한 결과였다.

파리 개조는 이후 도시 재개발의 모델이 됐다. 서울의 과감한 리모델링 역시 파리 개조 사업에서 그 근원을 찾아볼 수 있다. 파리 개조 이후, 우리는 대로변과 고층 건물이 없는 도시는 진정한 현대적 도시가 아니라는 시각을 갖게 됐다. 오스만의 아이디어에 뿌리를 둔 이 잘못된 상징성 때문에 전 세계 지도자들은 '개발'이라는 이름으로 하루아침에 도시 전체를 밀어 버리고 새로운 건물을 올리는 게 당연하다고 생각했다. 그 결과, 보기에는 인상적일지라도 시민 사이의 어떤 유의미한 교류도 허락하지 않는 공간적 낭비가 생겼다. 파리에서는 사회적으로 소외된 시민들이 파리 코뮌을 통해 빈민가 연합체를 구성하고 프랑스군에 저항했지만, 널찍한 도로로 구획된 도시는 저항운동을 손쉽게 진압하는 데 큰 도움을 줬다.

서울 궁궐의 소박함은 한국 유교 전통에서 가장 훌륭한 점을 표상한다. 한국의 왕실과 고위 관리들은 행실이 보다 투명했고 백성에게 책임성이 있었으며, 대중을 대표하는 방식이 인간적이었다.

서울과 베이징의 차이는 14세기 말로 거슬러 올라가 살펴보자. 당시 양국을 다스린 강력한 지도자들은 몽골제국 붕괴 이후의 무질서를 극복하고 권위를 확립하려 했다. 중국 영락제(永樂帝, 1360~1424)의 통치는 혹독했다. 극단적인 조치를 통해 통치자와 백성 간에 절대적인 거리를 두도록 했다. 영락제가 확립한 비밀경찰제와 상층부가 비대한 관료 조직은 황제에 의한 군주정이 끝날 때까지 중국에 엄청난 부담으로 작용했다. 영락제의 통치는 유교 전통을 왜곡시켰다. 또한 황제를 신격화해 거대한 관료 집단의 존재를 정당화하는 데 활용했다.

반면 한국의 세종대왕(1397~1450)은 백성에 대한 책임성을 그가 생각한 거버넌스 비전의 핵심으로 삼았다. 그가 상상한 왕은 왕국의 겸허한 종복이었다. 세종은 신분을 따지지 않고 능력 있는 인재들을 높은 자리에 등용했다. 중요한 것은 세종이 평민 복지를 정부의 최우선 과제로 삼았으며 고도의 견제·균형 체제를 수립했다는 점이다. 덕분에 상대적으로 투명한 통치를 이룬 조선은 500년 넘게 생존할 수 있었다.

서울의 궁궐이 작다고 말하는 중국 관광객들은 조선 건축의 인간적인 규모가, 한국 전통 문화에 가장 인간적이고 민주적인 측면을 상징한다는 사실을 전혀 모를 것이다. 영락제와 세종대왕은 근대 초기의 제도문화를 확립한 인물이다. 중국 관광객들 중 영락제와 세종대왕 사이의 엄청난 차이를 알 사람이 있을까.

하지만 우리는 중국 관광객들의 '무지'를 탓할 수 없다. 전통적 한국의 철학·정치·예술·문학을 중국인들에게 소개하는 한국인의 활동이 아주 미흡하기 때문이다. 예를 들어 나의 중국인 친구들 중 세종대왕에 대해 많이 알고 있는 이들은 극소수다. 중국 바이두백과百度百科에 실린 세종에 관한 서술을 보면, 예전보다는 훨씬 구체적이지만 세종대왕이 행한 개혁의 많은 부분이 누락돼 있고 공헌 역시 축소돼 있다. 18세기의 위대한 실학자 다산 정약용에 대한 항목은 더 심각하다. 다산의 지성사적 공헌은 아주 짧게 소개돼 있다. 왕양명王陽明, 주희朱熹와 어깨를 견주는 다산을 중국인들에게 소개하려는 한국인들의 노력은 아직도 많이 부족하다.

미래 동아시아에서 한국의 문화적, 정치적 위상을 확립하기 위한 싸움은 지극히 힘들 것이다. 중요한 것은 '한국산 스마트폰을 몇 대나 팔았느냐' 혹은 '중국에서 인기 있는 한국 아이돌이 몇이나 되느냐'가 아니다. 한국의 영향력을 좌우할 결정적 요인은 한국 전통에서 발견되는 투명성과 책임성을 어느 정도까지 보편적인 모델로 세계, 특히 중국에 제시할 수 있느냐다.

1980년대 한국에서 일어난 민주화 운동을 중국인들에게 알리는 것도 좋겠다. 하지만 한국의 전통 중에서 가장 인상적인 부분은 틀림없이 한국의 투명한 정치 전통과 왕권의 명백한 제약 전통이다. 우리는 한국 유교가 16~18세기 선정善政에 공헌했다는 것을 발견할 수 있다. 유교 전통은 한국뿐 아니라 어쩌면 중국의 미래를 위한 모델이다. 한국은 그런 차원에서 중국에 영향을 미칠 희망을 가진, 아마도 세계에서 유일한 나라다.

한옥은 세계 최고의
상품이 될 수 있다

한국은 생명공학이나 전자공학, 신소재와 나노 기술 등의 분야에서 첨단을 달리고 있으며 세계적으로 중요한 역할을 하고 있다. 그런 한국도 제대로 성과를 내지 못하는 기술 분야가 있다. 바로 한국의 전통 가옥인 한옥 관련 목공과 설계 기술이다. 새로운 과학기술이 각광받는 시대, 젊은이들은 전통 기술 분야를 인기 직업으로 여기지 않을 것이다. 그러나 한옥 건축 기술에 대한 투자가 지금 한국 경제 발전 단계에 꼭 필요하다는 주장에 귀 기울일 필요가 있다.

한옥의 특징들, 가령 전혀 인공적인 칠을 하지 않은 원목과 이에 어우러진 종이 벽이 주는 편안함, 자연과 완벽하게 조화를 이루는 매력적인 외형, 방문객들로 하여금 한옥이 가진 멋의 깊이를 천천히 발견하게 해주는 인간 친화적인 디자인, 이런 요소들은 현대 한국 건축물에도 많이 활용할 수 있다.

현대 초고층 건축물에도 한국적 요소를 사용할 수 있으며, 이는 매우 독특한 멋을 안겨 줄 것이다. 한옥의 요소를 현대에 적용하면 디자인과 멋, 감성 측면에서 한국의 건축이 전 세계의 주목을 받을 수 있다.

현대 고층 건물에 한옥의 심미적 원칙들을 고려한 호젓한 공간을 만들어 보는 것은 어떨까. 고층 건물의 가운데 한 층을 정원으로 분리되는 조그만 한옥 공간으로 꾸며 보는 것이다. 이런 독특한 디자인은 현대 건축물에 새로운 생동감을 부여해 한국 전통 건축의 개념을 되살릴 것이다. 진화한 한옥 건축물은 전 세계 도시 기획이나 디자인에 영감을 줄 수 있다.

조지프 나이 하버드대 교수는 한 국가의 힘을 '하드파워'와 '소프트파워'로 구분한다. 하드파워는 군사력, 경제력으로 상징되는 국가의 힘을 말한다. 과거에는 이런 요소들이 한 나라의 영향력을 결정했지만, 앞으로는 한 나라의 문화, 정치적 가치관, 대외 정책 등과 같은 '소프트파워'가 더욱 중요해진다는 것이 조지프 나이 교수의 주장이다. 하드파워가 군사력이나 경제제재 등 물리력을 통해 상대방을 제압하는 것이라면, 소프트파워는 매력을 통해 상대방의 자발적 동의를 얻는 능력이기 때문이라는 것이다.

조지프 나이 교수의 '소프트파워' 외교에 대한 주장을 보면, 한옥이 한국 외교의 중심이 될 가능성이 보인다. 나는 미국 일리노이 주립대학에서 7년간 교수를 한 적이 있다. 그곳에 있던 일본관(Japan House)은 일본 전통문화를 미국인들에게 전하는 공간으로 활용됐다.

방문객들은 다도 예절을 배우고 일본의 미에 관한 설명을 들었다. 동네 주부들도 모여 일본 예술과 문화, 미학, 미적 감각에 대한 토론을 벌였다. 일본관은 미국인들에게 일본이라는 존재, 즉 일본의 철학과 생활 관습, 정신적 계몽이라는 차원에서 영감을 주는 하나의 원천이었다. 그것은 일본을 가장 깊은 차원에서 알리는 중요한 일을 수행했다.

세계 곳곳에 한옥을 지어 한국 전통문화와 가치를 제대로 알리는 장소로 삼으면 좋을 것이다. 모스크바, 파리, 런던, 도쿄, 방콕, 시카고에 한국관을 만들어 아이들이 그곳에서 한국 문화를 배우고, 주부들이 모여 한국 전통을 경험하고, 많은 이들이 한국 문화에서 영감을 받을 수 있도록 하면 어떨까. 그 영향력은 외국인들이 한국에 대해 갖는 인식 정도에 그치지 않고 그들의 가치관의 변화까지 이끌어 낼 수 있을 것이다.

해외에는 이미 많은 코리아타운이 존재하지만 그곳은 '한국인 거주지'일 뿐이다. 외국인들은 주로 그곳에서 한국 음식을 먹거나 한국산 물건을 사는 것에 그친다. 해외에는 한국을 제대로 경험할 수 있는 공간이 없다.

그러니 한옥 기술에 대한 투자부터 시작하자. 한옥 건축가, 특히 젊은 한옥 건축가를 많이 배출해야 한다. 이들을 전 세계에 파견해 한옥을 짓게 하고 세계인이 한국을 느끼게 해야 한다.

'맨해튼다움'보다
'서울다움'을 추구하자

서울특별시청 청사였던 서울도서관에 가보면 게르만적 금욕주의가
느껴진다. 일제 강점기에 건축된 이 건물 3층에는 지난 세기 서울의
발전 과정을 전시한 작은 공간이 있다. 벽면에는 역대 서울시장의 사
진과 약력을 적은 패널들이 모자이크를 이루며 걸려 있다. 이 전시물
에 따르면 초대 시장은 1946~1948년에 재직한 김형민이다. 그전에
도 이범승이라는 첫 한국인 서울시장이 있었지만 당시 시정은 옛 식
민 체제를 답습한 상태였다. 현대적인 서울시 행정이 확립되기 이전
이었다.

　서울시장의 수를 광복 이후부터 세는 것은 서울 사람들에게 자연
스러운 일이다. 식민 시대 18명의 서울시장(경성부윤)을 여기에 포함
시킬 수는 없다. 모두 일본인이었던 그들은 식민 착취 정책을 수행했
기 때문이다.

그런데 나는 이 시장들의 신전이 인위적이며 크게 잘못됐다는 생각이 들었다. 사실 최초의 '서울시장'은 1395년 한성부판윤으로 취임한 성석린이다. 조선 왕조에는 수백 명의 '서울시장'이 있었다. 권한이나 임기에 있어 한성부판윤을 서울시장과 직접 비교할 수는 없지만 그들은 모두 세계에서 몇 안 되는 600년 넘게 지속된 도시의 수장으로 기억될 자격이 충분하다.

조선 시대 '서울시장'에 대한 완전한 무지 때문에 우리는 500년 동안 서울이 어떤 행정 정책을 펼쳤는지 알지 못한다. 당시 관리들의 승진 제도, 환경 보존과 도성 내 농업 정책, 시장과 공장의 관리, 서울 각 구역의 행정에 대해 아는 사람은 소수다.

또한 현재와 미래에 적용할 만한 서울의 지혜로운 옛 정책에 대해서도 우리는 거의 생각하지 않는다. 급하게 서울을 현대 도시로 만드느라 서울의 가장 소중한 보물인 집단적인 지혜도 내던졌다. 현대의 서울 사람들은 서울의 오랜 역사와 문화에서 자신의 정체성을 찾기 어렵다. 대부분의 파리 사람들은 센강 위에 놓인 다리의 이름을 모두 안다. 하지만 청계천 다리의 이름을 모두 열거할 수 있는 서울 사람은 거의 없다.

온갖 풍파 속에서도 살아남은 과거의 건물과 기념물이 우리 주변을 둘러싸고 있지만, 우리는 그런 흔적에 별 관심을 두지 않는다. 하지만 그 흔적들이야말로 새로운 서울을 건설하는 데 영감을 줄 수 있다. 예를 들어 신촌역의 옛 역사驛舍는 지금의 현대식 건축물보다 훨씬 매력적이었다. 불필요하게 큰 규모로 건축한 새 신촌역사는 늘 텅 텅 비어 있고 아름답지도 않다. 이런 재건은 어리석은 결정이며 자원과 노동의 낭비다.

한국은 서울을 마치 런던이나 싱가포르, 파리처럼 만들어 새 문화를 창조하려는 것 같다. 다른 도시가 되겠다는 서울의 집착을 극명히 보여 주는 사례는 서울역 고가 공원 프로젝트다. 서울역 근처를 지나는 고가도로를 나무가 우거지고 예술 작품으로 뒤덮인 공원으로 만든 이 프로젝트의 모델은 뉴욕 맨해튼에 있는 하이라인 공원이다. 이 프로젝트가 전적으로 네덜란드의 건축사무소 MVRDV에 의해 진행됐다는 점에서 나는 많은 의구심이 들었다.

서울에 진짜 필요한 것은 '맨해튼다움'이 아니라 '서울다움'이다. 서울에 필요한 것은 잠자는 과거 전통을 재해석해 오늘에 맞는 실행 가능성을 찾아 주는 일이다. 서울의 뿌리를 보여 줄 수 있는 새로운 도시환경을 조성해야 한다. 서울은 잘못된 방향으로 치닫고 있다. 유리와 강철로 지은 사무실 빌딩과 아파트가 옛 골목을 완전히 뒤덮고 있으며, 건물의 외장과 내장을 포함해 전통 건축의 흔적은 어디에도 찾을 수 없다.

서울의 심층 구조는 이미 파괴됐다. 경희궁의 가장자리를 따라 지은 아파트는 전통 도시환경과 맞지 않는다. 을지로2가에 솟은 웅장한 사무실 건물들은 상인이나 시민을 위한 공간을 남겨 놓지 않았다. 지난 500년 동안 정겨운 마을 분위기를 물씬 풍기던 동네들은 사라졌다.

급격한 도시환경의 변화는 활력을 주는 게 아니라 혁신 정신의 연속성을 단절시킨다. 서울을 또 다른 싱가포르로 만들어 버리면, 서울의 복원력을 그토록 뛰어나게 만든 모든 것이 죽어 버린다. 생기 있는 문화를 발견하려면 을지로3가 주변 공장들을 찾아야 한다. 뒷길의 소규모 공장에서는 예술가들이 조각품을 만들고 있으며, 중앙시장에서는 상인들이 예술가들과 힘을 합쳐 생동감 있는 문화를 창조하고 있다.

서울의 과거 모습을 복원하자는 게 아니다. 과거에 대한 깊은 이해를 바탕으로 오래 남을 새 건물을 지어야 한다는 것이다. 먼 과거 멜로디의 새로운 변주곡이라는 관점에서 현대 건물을 바라봐야 한다. 전통 한옥의 요소를 사용하고, 때로 유리나 강철 대신 진흙과 나무를 재료로 선택할 수 있다.

서울 사람들은 서울이 과거 모습에 가까워지면 가난하고 불결하고 낙후한 도시 이미지를 재현할 거라고 생각한다. 하지만 코펜하겐이나 뮌헨 같은 도시가 매력적으로 보여도 이들 도시는 결코 서울이 아니다. 서울의 미래를 여는 열쇠는 서울의 과거에서 발견해야 한다. 뒷골목과 도시 정책, 과거의 공동체를 재해석해 그 속에서 지속 가능한 미래 서울의 모습을 찾아야 한다. 우리가 귀를 열기만 한다면 틀림없이 수백 명의 과거 '서울시장'과 지혜를 공유할 수 있을 것이다.

한국을 바꿀
역사 속 DNA를 찾자

1. 외교관의 롤 모델, 최치원

우리는 엄청난 변화의 시대에 살고 있다. 중국의 경제·사회 이슈는 한국의 경제·사회에도 영향을 미치며, 글로벌 이슈와도 밀접하게 연결된다. 이러한 국가 간의 통합은 누구도 상상할 수 없었으며 인류 역사상 전례 없는 속도로 일어나고 있다.

이런 시대에 아이들은 어떻게 자라야 할까? 나는 미국에서 태어나 오랜 세월 중국, 한국, 일본 문학을 공부한 교육자로서, 장차 미래를 짊어질 한국 젊은이들에게 맞는 롤 모델에 대해 자주 생각했다. 그러던 중 우연히 최치원에 관한 몇 가지 글을 도서관에서 읽게 됐고, 그의 놀라운 리더십에 감명을 받았다.

최치원은 12세의 어린 나이에 중국 유학길에 올라 중국의 과거 시험에 통과해 관리에 등용된 우수한 인재다. 조기 유학 열풍에 휩싸인 현재 대한민국에서 그처럼 적절한 롤 모델은 없을 것이다.

사실 최치원은 한국을 넘어 문학, 예술, 정치 모든 분야에서 최고를 꿈꾸는 세계 많은 젊은이들의 모델이 될 수 있다. 외교관으로서 그의 모범적인 역할은 국제적인 차원에서도 매우 중요하다. 왜냐하면 우리는 외국어에 능통하고, 외국에서 상황 관리가 가능하며, 리더가 될 수 있을 만한, 정책에 관심을 가진 특별한 지식인을 필요로 하기 때문이다.

미국에서는 국제 관계와 통치 분야에서 윤리적 비전이나 인문학의 중요성을 거의 강조하지 않는다. 그러나 최치원은 관리로서의 인성 개발을 위해 문학의 중요성을 강조했다. 또 젊은이들이 정치와 정부의 일에 관심을 갖도록 동기부여 하는 것을 필수로 여겼다.

최치원이 살았던 통일신라 시대는 중국과의 무역 및 문화적 교류가 활발했던 시대다. 마치 오늘날 한국과 중국의 상황과 상당히 유사하다. 신라의 신분제도에 따라 성골, 진골 다음의 육두품 등급이었던 최치원은 뛰어난 젊은이였지만 정부 일을 하기에는 기회가 제한적이었다. 그는 고민 끝에 새로운 기회를 찾아 외국으로 가겠다는 뜻을 굳힌다.

중국으로 건너간 그는 양주揚州시장을 지낸 뒤, 당시 당나라 희종僖宗과 친밀한 관계를 맺는다. 역사 기록에 따르면, 최치원이 중국에서 가장 부유한 도시에서 시장을 할 수 있었던 것은 부패의 유혹에 끝까지 저항하는 대단한 청렴결백함이 있었기 때문이라고 한다.

중국에서 최치원이 행한 정치는 오늘날 글로벌 협력의 본보기가 될 수 있다. 그는 결정적인 과정에 직접 뛰어들어 관여함으로써 중국을 제대로 알고 장기적으로 일할 수 있었다.

단편적 만남을 통한 문제 해결 방식에는 더 이상 희망이 없다. 우리는 공동의 목표를 위해 한국인, 중국인 그리고 수많은 다른 나라 사람들과 장기적으로 함께 일해야 한다. 최치원은 양주에 있을 때 국제 관계 혹은 국내 정치에만 관심을 가졌던 것이 아니다. 지역 내부의 문화, 사회에 깊은 관심을 보였다. 참된 통치를 위해 수필과 시 등 문학으로 다른 사람들의 동참을 이끌어 내기도 했다.

최치원의 행보로부터 중국과 한국 사이에 어떤 새로운 관계를 형성할 수 있을지 그려 볼 수 있다. 또한 다른 아시아 국가와 미국, 나아가 세계의 새로운 평화를 위한 비전과 협력을 이끄는 데 많은 영감을 받을 수 있다.

최치원은 지엽적이라고 치부하지 않고 스스로 지역사회로 뛰어들어 변화에 참여했고, 중국과 한국 사회 모든 계층의 사람들과 소통했다. 더 나은 미래를 향한 새로운 방법을 찾기 위해 문학이란 도구를 이용했다. 그는 문학에 사람을 변화시키고 새로운 가능성을 주는 힘이 있다는 것을 이해한 특별한 지식인이었다.

2. 세계적 안보 리더, 이순신

국제사회에서 한국이 차지하게 될 새로운 역할과 위치를 생각할 때 한국의 '안보'는 중요한 문제가 아닐 수 없다. 한국은 안보의 개념을 재정의함으로써 동아시아 국가는 물론 국제사회의 위협을 해결하는 리더 역할을 해야 한다. 나는 이 가능성과 관련해 알아야 할 몇 가지 기본적인 원리를 말하고 싶다.

군인의 용맹함은 전장에만 국한되지 않는다. 국민을 올바른 방향으로 이끌어 줄 과감한 개편을 할 수 있는 용기도 군인의 용맹함에 포함된다. 혁신을 통해 한국은 국토의 영역을 넘어 큰 영향력을 가진 안보 분야의 리더가 될 수 있다. 그 모델로 나는 이순신을 이야기하고 싶다. 그의 천재성과 군인으로서의 용맹함은 세계 어느 나라에서도 전례를 찾아볼 수 없다.

힘의 원천에는 크게 두 가지 종류가 있다. 하나는 돈과 특권, 인맥에서 나오는 힘이고 다른 하나는 얻는 것이 없이도 명령을 따르며 목숨까지 바치고자 하는 사람들의 힘이다. 두 번째 힘의 원천이 바로 군인이다. 야만, 잔인함, 탐욕, 무관심의 대척점에 있는 군인의 힘은 사회를 변화시킬 수 있다.

사실 '한국은 고래 사이에 낀 새우 같은 처지의 작은 나라'라는 비유를 들을 때마다, 나는 항상 어려운 상황에서도 장점을 찾는 상상력을 발휘하라고 말한다. 이순신은 다른 식자층이 공포에 질려 산으로 숨고 달아나는 아비규환의 순간에도 능력을 발휘해 명성을 얻었다. 그는 당시 식자층 중 일본의 침략에 맞서 일어선 극소수의 사람 중 하나였다. 더 중요한 점은 그는 당시 조선 사회에 만연했던 태만에 반대하며 건전한 방향으로 가려 했다는 사실이다.

이순신의 성공에는 두 가지 열쇠가 있다. 홍익인간의 정신과 믿음이다. 이순신은 승리가 모두의 노력으로 이뤄진다는 것을 이해하고 있었으며, 해군 한 사람 한 사람이 존중받아야 한다는 것을 잘 알고 있었다. 그는 사람을 믿었다. 때문에 그를 존경하게 된 사람들은 더욱 효과적으로 서로 협력했다. 이 믿음의 힘은 이순신이 위험하고 대담한 계획을 실행에 옮길 때 병사들이 그를 도와 끝까지 최선을 다하도록 만들었다. 이순신에 대한 병사들의 확고한 믿음은 해전 경험이 전무했던 그가 관습에 얽매이지 않고 참신한 전략을 사용하도록 한 힘의 원천이 됐다. 천재적인 지략과 병사들의 신망은 이순신을 적군도 존경하는 장군으로 만들었다.

다시 한국의 안보 문제로 돌아가 보면, 미국은 과연 북한을 선제공격할까? 중국과 미국이 충돌한다면 한국은 양국을 설득해 올바른 방향으로 이끌 수 있을까?

어렵겠지만 설득은 가능하다. 중국은 대체로 중국인 스스로의 시각으로 생각하지 않으며, 미국 트럼프 정권 또한 이제는 타국의 안보에 큰 관심을 갖지 않으려 한다. 그러므로 한국은 장기적인 전략을 구축해 자체 안보 강화와 국제 협력 관계를 위해 미·중 양국을 설득하고 평화를 위한 기본 입장을 확실히 해야 한다.

이런 전략을 취하는 것이 쉽지는 않겠지만 그렇다고 불가능한 일도 아니다. 경영학의 대가인 피터 드러커 박사는 "미래를 예측할 수 있는 가장 좋은 방법은 미래를 만드는 일이다."라고 했다. 한국의 이기적이거나 단기적인 시각은 별로 도움이 되지 않는다. 지금은 포괄적인 통합이 필요하다.

정치 이슈에 관한 몇 가지 사례를 들어 보자. 한국은 독도, 박근혜 정부 때 가장 두드러진 위안부 문제, 사드 배치, 미사일 방어를 통한 국방 문제 등에 있어 세계적으로 다양한 분야의 전문가를 초빙해 토론하고 협력하는 일이 거의 없었다. 하지만 이젠 변해야 한다. 현안에 대해 구체적인 토론을 거쳐 상황을 개선하려는 목적에 맞는 성공적 정책을 도출해 내야 한다. 공동의 이익에 기초해 동북아 평화 질서에 관한 해결책을 제안하고 이에 따른 행동을 시작해야 한다. 문제를 풀어나갈 규칙을 정하고 어렵지만 통합을 이루는 과정을 통해 모든 국가의 존경을 얻어 내야만 한다.

3. 세계를 바꿀 수 있는 학자, 정약용

역사상 오늘날처럼 국경의 의미가 퇴색한 적이 없었다. 이웃 나라의 일이 결국 전 세계의 이슈가 되는 오늘, 세계인으로서 한국인이 갖춰야 할 소양에는 무엇이 있을까. 한국이라는 좁은 틀에 갇히지 않고 글로벌 리더가 되기 위한 요건을 나는 한국의 '선비 정신'에서 찾았다.

선비 정신이란, 단순히 유교적 교양을 갖춘 사대부 정신을 뜻하는 것이 아니다. 인격의 완성을 위해 끊임없이 정진하며 죽을 때까지 학문과 덕을 쌓아야 함을 의미한다. 대의를 위해서는 목숨까지 버릴 수 있는 불굴의 정신으로 시류에 연연하지 않고 청렴하게 사는 선비야말로 현대사회의 무분별한 물질주의에 대처하는 최고의 롤 모델이라 할 수 있다. 아이로니컬하게도 글로벌 리더의 DNA는 이미 한국인의 피에 녹아 있다.

지금 세대들은 예전과 다르게 교육자와 지식인의 역할에 의문을 갖고 있다. 사실 오늘날 많은 지식인들은 그 스스로가 지적 추구를 목적으로 삼지 않고, 직업적 의무로 저명한 학술지에 논문을 게재하는 것 정도를 학문 활동의 기준으로 삼고 있다. 이러한 새로운 표준은 지식인을 컨설팅 회사의 직원이나 학문 활동을 하는 로봇과 다름없이 만들고 있다.

지식인의 가장 중요한 역할은 우리 사회를 감시하는 것이다. 사회적 불평등과 생태계 파괴가 심각한 오늘날, 지식인의 역할은 그 어느 때보다 중요해지고 있다. 이런 맥락에서 한국의 유학자 다산 정약용의 업적을 보면, 사유하는 지식인으로서 자신의 철학과 삶을 온전히 통합해 얼마나 다양한 담론을 펼쳤는지 알 수 있다. 당시의 문화·윤리·역사를 비롯해 국가 정책에 이르기까지 그가 담론을 펼치지 않은 분야가 없을 정도다. 정약용은 유교 전통에서 가장 독창적인 학론을 펼쳤으며 그의 사상은 한국을 비롯해 전 세계에서 다양한 연구 주제가 되고 있다.

높은 집중력과 놀라운 기억력의 소유자였던 정약용은 중국 고전, 중국과 한국의 역사, 서양과 일본의 학문까지 섭렵한 인물이었다. 뿐만 아니라 철학에서 자연과학, 기계공학, 외교까지 지적 탐구의 범위가 너무 방대해 '주제'가 무엇인지는 오히려 중요치 않을 정도였다. 그가 가장 주목한 개념은 '선비 정신'이었다. 그는 세상에 윤리적으로 참여하는 선비 정신을 지식인에 한정시키지 않았다. 나는 선비정신이 한국을 넘어 오늘날 전 세계로 확장될 수 있으며 그렇게 되어야 한다고 생각한다.

정약용은 동시대의 다른 유학자들과는 달리 다양한 분야에 대한 연구가 자신의 도덕적 의무의 한 부분이라고 생각했다. 실제로 정약용의 저서에는 문학과 정책, 기술, 미학적 분야까지 윤리적 문제를 일관되게 제시하고 있다. 한국의 윤리학자라고 해도 과언이 아닌 정약용은 선비의 전통을 잘 보여 주고 있다. 한국뿐 아니라 중국과 베트남 등에도 선비에 상응하는 개념이 있다. 그러나 한국의 선비는 글을 읽고 쓰는 지식인으로서 소양을 갖춰야 할 뿐 아니라 윤리학자로서의 면모도 뛰어나야 했다.

당시 중국의 고증학은 과학적 정밀함이 두드러진 뛰어난 학문이었지만, 동시대 사회·경제적 문제와는 괴리가 있었다. 이 극단적인 괴리는 상류층과 하층민 간 교육적, 문화적 차이를 만들었고, 1850년 태평천국 운동을 불러일으켰다. 이 운동으로 중국 경제는 극심한 피해를 입었으며 사상적 토대 또한 분열됐다.

이에 반해 정약용은 사회의 건강과 농민의 이익에 늘 유념했다. 그는 학문 연구에 있어 사회와 경제를 하나의 유기체로 간주했으며, 전통으로부터 자립하려는 정신과 새롭고도 과감한 사상을 추구하는 정신의 독립성을 동시에 옹호했다.

오늘날 다시 《목민심서》를 읽어 보면 정약용이 조선 시대 후기에 마주쳤던 문제들이 여전히 사라지지 않았으며 오히려 더 심각해진 듯한 느낌을 받는다. 사회에서 지식인의 역할은 급격히 줄어들고 있고, 지도자들은 자기 고유의 생각을 따르기보다 대중매체 등을 통한 접근에 의존하고 있다.

현재 우리는 청년의 롤 모델을 지식인이 아닌 가수와 배우에게서 찾는 '온라인 사막'에 직면해 있다. 교수들은 특정 학술지 게재용 논문과 학생들 사이의 인기에 따라 평가를 받는다. 더 나은 사회를 만들기 위한 업적은 무시당하고 있다. 학생은 학교의 제품이 됐고, 교사는 학생을 위한 제품이 됐다.

지식인들은 각종 미심쩍은 위원회에서 활동하면서 자신의 지위를 확고히 하고자 피상적인 활동을 한다. 학식은 배움이나 사회봉사와는 전혀 관계없는, 특정 목표를 달성하면 금전적 포상이 주어지는 종류의 일이 되고 말았다. 시민들과 소통하면서 자신의 학식을 사회의 실질적인 문제에 적용해야 할 동기가 전혀 주어지지 않는 것이다.

촘스키는 저명한 저서 《지식인의 책무(Writers and Intellectual Responsibility)》를 통해 다음과 같이 말했다.

"지식인의 책임에 관해 깊이 생각해 보면, 여전히 우려되는 불편한 질문들이 있다. 지식인은 정부의 거짓말을 폭로하며, 정부가 행하는 것에 대해 원인과 동기 그리고 때론 숨겨진 의도를 분석해야 할 위치에 있다. 이러한 위치 때문에 서양의 지식인은 정치적 자유, 정보 접근의 용이함, 표현의 자유에서 나온 권력을 쥐고 있다. 또한 소수의 특권 지식인층은 서양의 민주주의로 인해 여가 생활, 편의 시설, 왜곡과 오해, 이념과 계급 이익에 가려진 진실을 찾는 훈련을 받는다. 이를 통해 현재 역사의 사건들이 우리에게 나타난다. 지식인들의 책임은, 그들이 누릴 수 있는 이와 같은 독특한 특권들 때문에 맥도널드 교수가 말하는 '시민의 책무'보다 훨씬 더 무겁다."

조선 시대에는 노암 촘스키가 누렸던 표현의 자유가 가능하지 않았다. 정약용 또한 촘스키처럼 강한 어조로 비판하지는 않았을 것이다. 하지만 정약용은 촘스키의 접근법과 비슷하게 동시대 지식인을 비판한다.

정약용은 적은 인원을 모아 정조의 정책을 통해 조선 사회에 넓은 변화, 즉 개혁을 이끌어 내려 했다. 비록 개혁은 오래가지 못했지만, 이후 한국은 약 200년 이상 정치, 문화, 습관 등 여러 면에서 더 나은 사회를 향한 활력을 찾을 수 있었다.

정약용은 한국의 근대화를 위해 노력한 인물로 비춰지면서 1930년대에 더 주목을 받았다. 오늘날 정약용은 실학파의 핵심 인물들과 젊은이들에게 영감을 준 지식인으로 널리 알려져 있다. 그러나 그가 생각했던 한국의 가능성이 현재 다 발휘된 것인지에 대해서는 의문이 든다. 정약용의 위대한 사상과 다양한 노력들은 아직 한국에 직접적인 힘을 미치지 못한 것 같다.

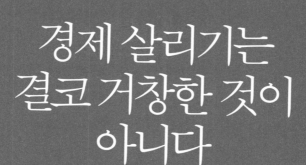

5 부

경제 살리기는 결코 거창한 것이 아니다

현대적 라이프스타일과
일회용 삶

나는 커피를 참 좋아한다. 그런데 카페에서 커피를 주문하는 일은 늘 곤혹스럽다. 커피의 맛을 논하는 것이 아니다. 커피가 종이컵 옷에 플라스틱 모자를 쓰고, 때로는 종이 벨트까지 매고 나타나기 때문이다. 여기에 5~10장의 냅킨, 설탕과 크림을 저을 스틱까지 동반된다. 이따금 물티슈와 홍보용 전단도 따라온다.

자원 고갈의 시대에 한국에서 엄청난 물질의 낭비를 보는 것은 고통스럽다. 특히 안타까운 점은 대부분 한국 사람들이 그러한 습관이 잘못됐다는 것조차 인식하지 못한다는 것이다. 직원 역시 고객에게 일회용품이 필요한지 묻지도 않고 선뜻 내어 주고, 매장 내에서 음료를 마시는 고객에게도 종이컵 대신 머그컵을 사용할지 일일이 묻지 않는다. 애초에 컵을 씻을 공간을 없애 비용을 절약하는 가게도 많다.

카페에 갈 때 개인용 텀블러를 가져가 커피를 담아 달라고 하면 직원들은 내가 무슨 말을 하는지 잘 이해하지 못한다. 사용하지 않을 커피 스틱과 냅킨을 돌려줄 때 직원의 눈빛을 바라보노라면 마치 내가 도깨비가 된 기분이 든다.

사람들은 일회용품을 쓰레기통에 버릴 자유가 없다면 현대적 라이프스타일을 즐길 수 없다고 생각하는 것처럼 보인다. 어쩌면 항상 손수건을 챙기고 가방에 텀블러를 넣고 다니는 인생은 불편하고 재미도 없다고 느끼는 것 같기도 하다.

개인적인 판단일지 몰라도, 한국인들은 현대화 혹은 선진화된 삶이 지구에 미칠 영향을 생각하지 않은 채 이것저것 소비한다는 인상을 받는다. 그저 넋을 잃고 즐거운 시간을 보내기 위해 커피를 마시는 것 같다.

이러한 현상은 '자유'에 대한 뒤틀린 해석 때문에 일어난다. '자유'라는 명분으로 행해지는 자신의 일상적 행동이 지구에 어떤 영향을 미치는지 의식하지 못하다가 어느새 목표 없이 과열된 음식 낭비로 흐르는, 소비 러시로 변질돼 버렸다.

한국이 중국 및 동남아시아에 엄청난 문화적 영향력을 미치는 시대에 이런 현상의 대가는 더욱 크다. 한국인들이 자원 낭비를 현대화된 삶으로 여긴다면 한국을 벤치마킹하는 개발도상국들도 이를 따를 것이고, 이로 인해 한국을 넘어 전 세계가 엄청난 환경적 대가를 치르게 될 것이다. 종이컵을 만들기 위해 벌목을 늘인다면 이산화탄소를 산소로 전환시킬 나무들이 그만큼 사라진다. 플라스틱 용품을 낭비한다면 석유 소비는 더 늘어날 것이고, 썩지 않는 물질은 우리 주변의 환경에 더 많이 유입될 수밖에 없다.

자원의 낭비는 본연의 한국 문화와 거리가 멀다. 한국의 전통문화는 합리적 소비를 강조하며 물건을 절대 낭비하지 않는 게 원칙이었다. 수백 년 전 한국의 전통 가정에서는, 모든 것이 재활용되거나 간단하게 다시 토양으로 분해되도록 하는 생활 방식이 일반적이었다. 분뇨까지 농작물을 위한 비료로 재활용했다. 이런 전통을 지금 이 시대에 되살리는 게 중요하다.

요즘 우리가 카페에서 흔히 목격하는 낭비는 전통적인 한국 사회에선 상상조차 할 수 없었던 일이다. 그 옛날의 한국과 지금의 한국을 비교해 어느 쪽의 문명 수준이 더 높은지 가슴에 손을 얹고 생각해 보자.

우리는 과거의 전통적 생활 노하우를 퇴보한 관습이라고 생각해 왔다. 아울러 환경과 인간 사이 균형을 중시하는 전통적인 관점도 멀리 내던져 버렸다. 오늘날 우리는 다음 월급일 또는 다음 선거일보다 더 먼 곳은 내다보지 않는 일회용 삶을 살고 있다. '일회용 대한민국'을 벗어던지고, 이른바 선진국이라 불리는 나라들보다 훨씬 더 '자연환경을 보호하는 대한민국'으로 돌아갔으면 한다. '반짝인다고 다 금이 아니다(All that glitters is not gold, 즉 매력적인 게 실제로는 가치가 거의 없다)'라는 격언을 기억해야 한다.

창조경제,
'일자리 혁명'부터 시작하자

40년 전만 해도 20대 초반의 여성이 난생 처음 화장을 하고 값비싼 옷을 구입하는 '빅 이벤트'는 결혼이었을 것이다. 그러나 요즘의 20대 초반 여성은 결혼이 아닌 전혀 다른 '빅 이벤트'에 대비해 엄청난 시간과 돈을 투자한다. 한국 청년이라면 절대 피해 갈 수 없는 '통과의례', 바로 취업 면접이다. 이들 중 다수는 결혼을 해서 가정을 꾸릴 수 있을지 자체를 미심쩍어한다.

한때 결혼에서 오던 스트레스와 긴장감은 이제 입사 면접관과의 만남에서 발생한다. 이 새로운 형태의 통과의례는 특히 지난 3년간 한국 경제가 내리막길을 걸으면서 젊은이들의 삶에서 필요 이상의 비중을 차지하게 됐다. 성형외과와 의류 업체의 광고까지 가세해 젊은 층의 불안감을 은밀히 부추긴다. 젊고 미숙한 이들은 갈수록 불확실한 세계에서 그나마 안정을 추구하려는 마음에 취직을 위한 인터뷰에 매달린다.

나는 교수로 살면서 한국의 이런 구직 문화를 실망스럽게 지켜봤다. 이 순간에도 수많은 졸업반 학생이 취업 인터뷰 준비와 이력서 제출용 사진을 찍는 데 상당한 비용을 쓰고 있다. 자신의 미래가 피상적인 기준에 따라 결정될 거라는 생각이 지배적이며, 수업과 교우 관계는 뒷전으로 밀린 지 오래다. 대학도 인턴십 기회를 제공하는 등 이력서를 좀 더 풍성하게 만들어 주는 것 말고는 별 도움을 주지 못한다. 교수도 학생들에게 평생 기억할 충고를 하기보다 오늘 바로 취업에 필요한 서류를 제공하는 사람으로 전락했다.

슬프게도 많은 학생들이 공부를 더 하면 미래가 좀 더 나아지지 않을까 하는 마음에 대학원에 진학한다. 그러나 대학원은 취업에 큰 도움을 주지 못한다. 뿐만 아니라 한때 석·박사 학위 소지자에게 돌아가던 연구직 일자리마저 계속 줄고 있는 상황이다. 학생들이 끔찍한 취업 인터뷰 요건에 맞추려 자신의 삶을 '리모델링' 하도록 강요받는데도 교수로선 어쩔 도리가 없다.

하지만 좀 더 상상력을 발휘한다면 자녀 세대의 미래에 필요한 새로운 접근 방법을 찾을 수 있을 것이다. 가령 대학이 학생들에게 학위와 함께 일자리를 제공하는 것이다. 언뜻 비현실적으로 들리겠지만 교육의 본질을 생각할 때 실행 가능한 방법이 나올 수 있다.

일단 서로 관심사가 같은 1, 2학년생에게 학급 친구들과 함께 벤처기업을 만들 기회를 제공한다. 그리고 각자의 전공과 강점을 살려 나가도록 지원하는 것이다. 그렇게 된다면 학생들이 졸업 전에 새로운 개념을 탐구하고 비즈니스, 생산, 서비스 분야에서 창의적인 접근을 시도해 볼 수 있다. 공공서비스에 관심 있는 학생이라면 새로운 NGO나 작은 공동체를 만들어 볼 수도 있다. 학부 4년을 거치면서 이들은 자신의 전공과 더불어 직접 만든 소규모 벤처기업의 운영 기술도 덤으로 익히게 될 것이다. 물론 벤처기업 역시 대학과 금융기관의 엄격한 기준을 통과해야 설립할 수 있겠지만, 요즘 기업들이 학생들에게 요구하는 까다로운 채용 기준에 비하면 아무것도 아닐 것이다.

새로운 교육 계획이 실현되려면 한국 사회에 두 가지 변화가 필요하다. 첫째, 한국 사회가 학력보다 개인의 기술과 축적된 경험을 더욱 중시하는 문화를 만들어야 한다. 학창 시절 창업 경험을 가진 사람이 향후 채용 시 더 높은 평가를 받는 건 지극히 당연하다. 성공에 이르는 길이 대기업에만 있지 않다는 사실을 바로 볼 수 있어야 한다. 둘째는 금융 지원 방식의 변화다. 많은 능력 있는 젊은이들이 자신의 꿈을 실현할 수단이 없다는 사실에 좌절한다. 만일 은행에서 30세 이하 창업자들에게 실질적인 대출 혜택(예컨대 창업 자금의 30~40%)을 제공하면 졸업생들의 마음은 한결 가벼워질 것이다. 이를 통해 20대 창업이 쉬워진다면 한국의 구직 문화도 크게 바뀔 것이다. 수동적으로 기업의 문을 두드리기보다 능동적으로 자신의 회사를 세우는 일이 중심이 될 것이다.

30세 이하 청년 중심의 이러한 변화야말로 한국 경제에 활력을 불어넣고 참신한 아이디어를 실현할 기회를 제공할 것이다. 한국에서 스티브 잡스 같은 인재가 나오지 않는 가장 큰 이유는 그들의 아이디어가 실현될 수 있도록 지원하는 사회적 여건이 형성돼 있지 않기 때문이다.

창업과 대출 문화의 변화가 20대를 중심으로 일어난다면 한국 경제에 긍정적 영향을 미치게 된다. 이제 곧 교문을 나설 대학 졸업생들에게 희망을 심어 줄 것임은 말할 나위도 없다.

한국의 미래를
보장하려면?

부산과 제주에 들이닥친 태풍 차바는 막대한 피해를 입혔다. 또한 한국의 허술한 재해 대비 실태를 그대로 드러내기도 했다. 과학자들은 향후 30년간 바다의 수온이 상승하면서 점차 이런 대규모 기상이변이 빈번할 것으로 예측하고 있다.

유럽에서는 이미 기후변화에 따른 영향을 예측하고 대비하기 위한 위원회를 설치하고 운영 중이다. 한국은 해수면 상승에 의한 자연재해에 어떤 대비책을 마련해 두었는가? 없다.

피해는 언제든 일어날 것이다. 연안은 해수 범람으로 살 수 없는 지경이 될 것이며 농업 역시 막대한 타격을 입어 농산물 생산량은 줄어들 것이다. 더 큰 문제는 후자에 있다. 국내 농산물 생산이 감소하면 외국의 농산물을 싼값에 수입하면 될 일이고, 버려진 농지는 주거용으로 쓰면 그만이라는 식으로 간단히 말할 수 없다. 미국과 러시아 등 농산물 생산국의 농지 사막화 현상과 중국이나 인도의 늘어나는 식량 수요에 맞물려 한국의 농산물 수입은 점점 더 어려움을 겪을 것이다. 따라서 향후 기후변화에 대비해 국내 농업 체질을 개선하는 일이 매우 중대한 과제로 떠오를 전망이다.

이제는 재해에 대비한 구호 체계에서 한 걸음 더 나아가 주거, 농업을 포함한 모든 인간 활동의 면면에 영향을 미치는 기상이변에 선제적으로 대비하는 장기적 대응책을 마련해야 할 때다.

한국의 30년 후 미래를 그리며 최고의 인재들이 모여 기술 개발을 위한 5개년 계획을 정교하게 구상했던 시절이 있다. 1962년부터 1981년까지 이어진 경제개발 5개년 계획이다. 이것은 5년 단위로 설정된 계획을 통해 전문 인력을 확보하고 사회 인프라를 구축하며 기술을 획득함과 동시에, 당시 한국이 직면한 도전 과제에 대한 대다수 국민의 동의를 구해 자원을 동원하는 사업이었다.

그 후 계획은 인프라와 기술력 확보를 지향하는 초점이 사라진 상태로 1996년까지 지속됐다. 물론 2026년까지 이어질 '제3차 생명공학육성기본계획'에서 보듯 과학기술에 대한 정부의 장기적 지원은 진행 중이라고 볼 수도 있다. 그렇지만 현재 과학기술 연구 개발 추세는 진정 한국이 직면한 위협에 대응하기 위한 기술 개발이 아니다. 세계 시장을 겨냥한 상품 개발에 지나치게 주력하는 모습이다.

한국의 미래를 위한 5개년 계획을 다시 세울 때가 됐다. 새로운 5개년 계획의 최우선 과제는 기후변화에 대응하면서 에너지 소비를 경감하는 작업이어야 한다. 계획을 수립하기 위해서는 우선 다음과 같은 미래 예측이 선행돼야 한다.

첫째, 10년, 20년, 30년 후 한국의 자연환경은 어떤 상태일까? 해수면은 어느 정도 상승할까? 가뭄, 태풍, 돌발 홍수는 얼마나 자주 발생할까? 토양이나 임산, 농산, 수산 자원은 어떻게 변할까?

둘째, 현재의 기술 발전을 감안하면 미래 각 시점에서 어떤 가용기술을 동원할 수 있을까? 어떻게 그 기술을 가능한 빨리 적용해 저탄소 에너지의 형태로 기후변화의 위협에 대응할 것인가?

셋째, 미래의 기후 위협에 대응하는 기술 기반의 새로운 인프라를 설계하고 이용하기까지 시간이 얼마나 필요할까?

이러한 예측에 기반한 계획을 구체화하면 다음과 같을 것이다.

첫 번째 5개년 계획은 우선 2021년까지 모든 건물에 태양광 패널을 설치하고 적절한 단열 처리를 의무화해야 한다. 산업계, 학계 및 정부가 함께 진행할 이 계획은 기술 문제나 상업화 문제뿐 아니라 지역 주민의 참여를 보장하도록 시민 교육을 병행해야 한다. 초대형 태풍과 해수면 상승에 대비해 산림, 해양, 농지 보호 계획 역시 개별적으로 수립·시행돼야 한다.

경제개발 계획의 목표가 수출용 상품을 개발하는 것이 되어서는 안 된다. 기후변화의 위협으로부터 국가를 보호하는 것이 주된 목표가 돼야 한다. 해수면 상승과 온난화의 위협에 대한 대비는 국가 안보 차원에서 상업적 이해관계를 넘어서는 기획이어야 한다. 이런 기획을 위한 재원은 가능한 국내에서 마련해야 한다. 재원은 투기나 단기적 투자가 아니라, 기후변화에 대한 국가 차원의 대응에 필요한 구체적인 수요를 위해 투입돼야 한다.

기후변화라는 압도적인 위협에 직면하고도 조선업, 자동차 산업, 철강 산업, 석유화학공업 등의 산업이 한국의 미래를 보장해 줄 것이라는 기대는 접어야 한다. 기후변화에 장기적인 안목으로 대응하기 위해, 정부는 유용한 기술을 사회 구조의 수요에 맞추고 전시 경제에 준하는 기획과 실천을 통해 용기와 지도력을 보여 줘야 한다.

좀 더 구체적으로, 정부는 화석연료의 수입 의존도를 과감히 줄여 나가야 한다. 에너지 효율을 높여 사용량을 줄이고 광범한 기술을 수용하며 시민들의 의식을 고취하기 위한 구체적 목표를 설정하는 일련의 5개년 산업 발전 계획을 시행해야 한다.

그리고 매우 빠른 속도로 목표를 달성할 수 있는 기술적이고 정책적인, 관습상의 문화적 체제를 구축하는 노력이 수반돼야 한다. 한국 특유의 문화와 관습에 기반한 독특한 혁신 방식은 그 자체로 전 세계가 공유할 수 있는 소중한 '상품'이 될 수 있다.

기후변화 대응 5개년 계획은 기후변화에 대한 적응과 기후변화를 완화시키기 위한 계획이 긴밀하게 병행돼야 한다.

장기적인 계획은 한국인의 문화, 관습, 가치관의 변화에 대한 모색을 요구하며 석유 수입으로부터 해방되는 것을 포함해 금융, 무역, 투자 정책의 대대적 개혁을 요구한다.

미래에 한국은
무엇을 수출할 것인가?

한국의 수출은 기록적인 급락 추세를 보이고 있다. 한국인들은 경제 발전을 수출로 측정해 왔기에 집단적 공포를 느낄 것이다. 수출 감소는 심각한 도전이다. 그러나 같은 산업에 더 많은 투자를 하는 것이 과연 적절한 해결책인가. 근본적인 전략 수정이 필요하지 않을까.

엄청난 속도의 기술 발전으로 세상은 빠르게 변화하고 있다. 최근 나는 국회에서 개최된 '대한민국의 미래'라는 주제의 세미나에 패널로 참가했다. 국제미래학회 이남식 회장은 이렇게 말했다.

"세계 최대 택시 회사인 우버에는 택시가 없다. 세계 최고의 미디어 그룹인 페이스북은 아무런 콘텐츠도 만들지 않는다. 최강 소매업자인 알리바바에는 물품 재고가 없다."

정보 주도 경제의 패러독스에 대한 이 발언을 나는 수출 급락 뉴스와 연결시켜 보았다. 이런 시각이라면 한국은 미래에 제품을 전혀 수출하지 않고도 세계 최대의 무역 국가가 될 수 있지 않을까.

한국의 기업들은 중국, 베트남 등지의 제조 공장에서 생산을 하고 있다. 한국 기업들은 금융·마케팅·생산 규모 등의 장점을 무기로 글로벌 생산 체제를 만들었다. 하지만 이러한 추세에는 명백히 부정적인 평가도 뒤따른다. 공장의 해외 이전이나 완전 자동화 탓에 좋은 일자리가 사라진다는 것이다.

한국의 우세는 무엇일까? 그것은 한국이 독점하는 특정 기술이 아니다. 한국인의 능력은 산업 발전 기획, 디자인, 제조, 마케팅, 판매를 위한 복합적이며 통합적인 체제를 구축하는 데 있다. 과거 한국인들은 조선·자동차·스마트폰·가전제품 등 분야에서 성공하겠다는 장기 목표를 염두에 두고 기회를 포착하기 위해 신속하게 움직였다. 어떤 복합적인 문제에 대한 솔루션을 창출하기 위해 여러 기술들을 통합하는 한국의 능력은 패키지로 수출될 수 있다.

예를 들어, 제멋대로 뻗어 나가는 도시를 지속 가능한 생태도시로 탈바꿈시킨다면 향후 15년 내 세계에서 가장 큰 시장을 형성할 것이다. 중공업에 집중하는 기존의 도시들은 자동차를 주요한 교통수단으로 생각해 온 서구식 도시환경 계획에 따라 건설됐다. 이들 도시에는 공해와 같은 문제가 많다. 가까운 미래에 사람이 살 수 없게 될 도시들이 인도·중국 등 개발도상국에 수없이 많다. 이러한 도시들은 수백만의 거주민이 살 수 있는 지속 가능한 도시로 완전히 다시 건설돼야 한다.

도시 재건 프로젝트 시장의 규모는 어마어마하다. 나는 이런 프로젝트를 수행할 수 있는 나라가 한국이라고 생각한다. 한국이 세계적 추세와 동일한 전환기를 거치고 있기 때문이다. 그러므로 친숙한 수출 기반의 성장과는 달리, 한국이 앞으로 해야 할 일은 근본적으로 다른 데 있다고 할 수 있다.

우선 한국은 모든 국내 주요 도시들을 빠른 속도로 세계에서 가장 앞선 생태도시로 전환해야 한다. 필요를 충족시키기 위해 한국의 기술을 사용하며, 신속하게 아이디어를 채택하고 실행하는 한국만의 장점을 발휘해야 한다.

지속 가능한 도시의 건설은 최첨단 기술의 확보가 아니라 제도적인 혁신으로 기술을 통합하는 데서 가능해진다. 게다가 생태도시 건설 프로젝트는 문화와도 연관된다. 즉 젊은이들을 매료하는 새로운 문화 패러다임을 만들어야 한다. 생태도시 건설에는 협업을 위한 새로운 온라인 공동체와 네트워크를 발전시키는 것도 포함된다. 이 또한 한국이 잘할 수 있는 영역이다.

한국이 건설할 생태도시라는 상품은 해외 시장만을 타깃으로 하지 않는다. 실은 한국 자체가 바로 상품이다. 아이로니컬하게도 한국은 태양전지를 생산하지만 수출에만 그칠 뿐 국내에선 사용하지 않는다. 이런 상황을 넘어서야 한다.

전기로 운영되는 교통 시스템, 태양열·풍력 등의 재생 에너지원, 스마트그리드, 실효성 있는 재활용과 수자원 보존을 위한 보다 정교한 프로그램을 완벽하게 갖춘 친환경적이며 지속 가능한 도시를 건설하는 과정에서 청년 일자리를 마련할 수도 있다. 새로운 일자리에서 젊은이들은 뿌듯함을 느낄 것이다.

궁극적으로 산업도시를 생태도시로 탈바꿈시키는 기술 자체가 상품이다. 각 지역 차원에서 국내 기업들과 힘을 합쳐 생태도시 건설 패키지를 해외에 판매할 수도 있다. 예컨대 한국은 강력한 기술·행정·문화 노하우의 결합으로 인도에 있는 어느 도시를 신속하게 생태도시로 탈바꿈시킬 수도 있을 것이다.

물론 한국은 미래 시장을 예측해야 이런 전략을 수용할 수 있다. 또 미래의 수요에 부응하려면 장기적인 계획으로 대비해야 한다. 아주 묘한 이야기이지만, 생태도시에 대한 비전은 한국인들이 1960년대에 했던 것과 결코 동떨어진 게 아니다. 그때 한국인들은 마을과 논밭을 바라보며 철강·자동차·석유화학 제품 제조의 거인이 된 한국을 상상했다. 지금이 그런 꿈을 다시 꿔야 할 때다. 그때와 지금의 차이는 방향이 다를 뿐이다.

한국의 산업,
매너리즘 위기에 빠지다

나는 종종 한국의 과학기술 수준과 한국 제품의 질에 감탄하곤 한다. 한국인들은 갈수록 정교한 제품을 디자인하고 제조함으로써 세계 시장에서 큰 인기를 끌고 있다. 나는 그 생산 과정을 직접 두 눈으로 지켜봤다.

하지만 다른 한편으론 우려도 금할 수 없다. 새로운 산업의 개척을 가로막는 뿌리 깊은 매너리즘 때문이다. 그대로 내버려 뒀다간 그간 한국이 이룩한 놀라운 기술 발전을 심각하게 저해할지도 모른다.

여기서 말하는 '매너리즘'은 르네상스 시대의 고상한 예술 장르가 아니다. 바로 주어진 특정 장르에 매몰된 채 스타일만 바꾸려는 습성을 가리킨다. 희망찬 미래 산업을 향한 원대한 비전보다는 기존 제품의 세부적인 면에 집착하는 경향 말이다. 이렇게 되면 근시안적이고 심각한 문화적 정체로 이어질 가능성이 크다. 특정 제품의 세부적인 면에 과도하게 집착함으로써 그 제품이 갖는 보다 큰 사회·경제적 의미를 간과할 수 있다.

산업디자인 분야에서 나타나는 새로운 형태의 매너리즘은 스마트폰에서 쉽게 찾을 수 있다. 요즘 한국의 수많은 엔지니어들은 새로운 기능이 첨가된 스마트폰을 만들기 위해 연구에 매달리고 있다. 그러나 몇 가지 사소한 기능만 첨가될 뿐 새로운 분야의 개척으로 이어지는 경우는 거의 없다.

예를 들면 시중에는 화면이 휘어지거나 사용자의 손이나 눈의 움직임에 따라 반응하는 광학센서가 부착된 스마트폰이 출시됐다. 자동차의 경우 NVS(소음, 진동, 견고성) 분석 기법을 통해 운전자의 승차감이 좋아지고, 엔진의 효율성이 높아지며, 충돌 시 차 섀시의 충격을 크게 줄인 상품도 나왔다. 편리성 향상에 초점을 맞춘 이 모든 노력을 십분 인정한다. 그러나 이런 종류의 혁신은 스마트폰이건 자동차건 모든 제품이 영원히 생산될 것이란 전제 아래 이뤄지는 세부적 변형에 불과하다.

한때 한국에는 자동차나 스마트폰이 없었다. 그렇다면 미래 어느 시점에 자동차나 스마트폰을 더 이상 쓰지 않을 가능성도 부인하기 어렵다. 그뿐 아니라 기존의 스마트폰이나 자동차 기술을 이용한 전혀 다른 제품과 서비스가 생길 수도 있다. 생태학적으로나 문화적으로 보다 더 건전하고 수익성 높은 제품들 말이다.

한국은 섬유 산업을 발판으로 자동차 산업에 뛰어들었다. 그때 한국은 섬유 산업이 계속해서 한국의 주요 산업으로 남으리라는 생각을 하지 않았을 것이다. 이처럼 한국이 경제적으로 성공할 수 있었던 것은 다가올 미래를 신속하게 내다보고 재빨리 새로운 산업을 준비하는 능력이 있었기 때문이다. 지금까지 이런 능력 덕분에 대단한 성공을 가져왔다.

새로운 수요에 대응해 줄기차게 미지의 영역으로 나아갈 때 새로운 산업의 발전이 비로소 가능해진다. 특히 요즘 세계는 급격히 변하고 있다. 패러다임이 완전히 달라지고 있다. 더 이상 한국의 성공 신화가 먹힐 것이란 보장도 없다. 이제부터 한국의 진짜 천재성은 더 좋은 스마트폰을 만드는 능력이 아니라 아직 존재하지 않는 뭔가를 상상하고 그것을 현실화하려는 도전 정신에서 나와야 한다.

요즘 이게 잘 안 되는 이유는 한국의 기술 수준은 계속 발전하지만 그 과정에서 보다 근본적인 '왜?'라는 문제의식을 잃어버렸기 때문이다. 우리는 왜 새로운 제품을 만들어야 하는지? 그런 제품이 시대적 도전에 어떤 기여를 하는지? 매일 놀라운 제품을 생산하면서도 이러한 근본적인 질문에 대답할 수 있는 한국인은 몇 명이나 될까.

이는 학문적 차원의 문제가 아니다. 한국은 지구온난화와 급속한 고령화로 엄청난 도전에 직면하게 될 것이다. 이런 문제를 해결하려면 혁신적인 신기술이 필요하다. 또한 삶의 양식과 도시공간을 획기적으로 바꿀 방법을 모색해야 한다.

한국은 이미 기존의 기술과 생산공정을 거의 완성한 단계나 다름없다. 이젠 새로운 제품 개발뿐 아니라 삶의 방식을 송두리째 바꿀 혁신적인 시스템과 철학의 선두주자가 돼야 한다. 철도가 19세기를 바꾸고, 고속도로가 20세기를 변화시켰다면 21세기는 무엇이 '게임 체인저'가 될 수 있을까. 그 대답은 불행히도 교과서엔 나와 있지 않다. 답은 오직 모든 도전을 미리 꿰뚫어보는 상상력과 이를 실현하기 위해 기존 기술을 활용하는 능력에서만 나온다.

한국에 필요한 건
혁신일까, 용기일까?

한국에 혁신이 필요하다는 말은 이전에도 자주 나왔다. 그러나 요즘은 한국에 혁신보다 용기가 더 필요하다는 생각이 든다. 물론 혁신과 용기가 함께 조합된다면 금상첨화일 것이다.

한국의 경제적 난제에 대한 답은 분명하다. 수입의 상당 부분을 차지하는 화석연료 의존을 대폭 줄이면 수출이 제자리걸음을 계속해도 고속 경제 성장에 버금가는 경제 효과를 누릴 수 있다.

이는 다음 세대에 대한 도덕적 책임이기도 하다. 프랑스 파리에서 열린 유엔 기후변화협약 당사국 총회는 화석연료 소비가 가져오는 위험을 엄중히 경고하며 다음 세대에 대한 우리의 의무를 상기시켰다. 전 세계 개발도상국이 한국을 롤 모델로 삼는 만큼 한국이 재빨리 화석연료를 감축한다면 국경을 초월하는 효과를 가져올 것이다.

안보 측면에서도 한국은 화석연료 사용을 줄여야 한다. 20~30년 내에 국내 발전을 통해 재생 가능 에너지를 생산하여 100% 에너지 자급자족을 이루겠다는 목표를 세우고 실행할 필요가 있다. 물론 이런 목표가 무역에는 부정적 영향을 줄 수 있다는 우려도 있다. 그러나 안보는 이런 우려보다 훨씬 중요한 문제다. 한국이 북한과 충돌을 빚고, 그 결과 한반도 무역에 급제동이 걸린다고 생각해 보자. 군사력이 우위에 있어도 무기 시스템에 전력을 공급할 화석연료가 없다면 소용없다. 부산이나 인천을 통해 연료가 수입되지 못하면 며칠 지나지 않아 도시들은 마비될 것이다. 이런 시나리오대로라면 한국의 승리는 보장할 수 없다.

한국의 경제 및 산업 전략에 있어 혁명적 변화가 필요한 때다. 조선 산업을 발전시킨 1967년의 5개년 경제개혁에서 볼 수 있었던 장기적 비전도 마련해야 한다.

한국은 터빈(Turbine)과 전자, 전기 배터리, 태양전지 패널 등에서 필요한 기술을 보유하고 있다. 관건은 정부다. 재생 에너지로의 전환을 가속화하기 위해서는 정부의 적극적 주도가 필요하다. 초기에는 군이 주도적 역할을 담당할 수 있다. 다른 경제 부문과 달리 군은 2년 내 모든 차량을 전기차로 교체하고 국가 안보를 위해 모든 관련 건물에 태양전지를 사용할 것을 지시하고 추진할 수 있다. 군이 대규모 태양전지와 풍력 발전, 전기 배터리 시장을 열어 주면 장비 유지 보수를 위한 전문가 수효도 빠르게 늘어날 것이고, 기업은 군이 보장하는 시장 수요를 믿고 향후 발전을 위한 대대적인 투자를 단행할 수 있다.

조선업의 경우 모든 선박에 보다 높은 에너지 효율 기준을 적용하고 모든 선박의 표면에 풍력 터빈이나 태양 패널을 장착해 선박에서 사용하는 에너지의 상당 부분을 자가 발전하도록 요구해야 한다. 삼면이 바다로 둘러싸인 지리적 특성을 이용해 대규모 이동식 해상 풍력 발전소를 다수 설치하는 방식도 가능하다.

자동차 부문도 마찬가지다. 정부는 5년 내 모든 자동차를 전기 자동차로 교체하도록 독려하고, 교체한 사람에게는 충분한 보조금을 지급해야 한다. 정해진 기한 이후에도 전기 자동차로 교체하지 않은 사람에게는 높은 탄소세를 부과해야 한다. 이는 제조업 부양으로 한국 경제를 활성화시킬 뿐 아니라 자동차 소유주들이 가정용 태양전지를 이용해 가정에서 자동차 연료를 충전할 수 있게 해준다. 대기질 개선과 에너지 독립, 글로벌 자동차 시장에서의 새로운 경쟁력 확보를 생각하면 보조금 비용은 결코 많은 게 아니다.

정부 청사 건물부터 시작해 모든 상업 및 거주용 건물에 가장 엄격한 단열 기준을 적용하고 건물 표면에 태양전지를, 모든 창문에 투명 태양전지 패널을 설치하는 것을 의무화해야 한다. 이를 예외 없이 적용하는 한편 낡은 집은 규제에 맞게 수리할 보조금을 지급해야 한다. 에너지 효율이 높은 단열 시설을 설치하고 태양전지와 소형 풍력 발전기를 낡은 건물에 적용하는 공사를 실시하면 청년 일자리도 효과적으로 창출할 수 있다.

전기 비행기 개발 또한 잠재력이 높다. 이미 다른 국가에서 지적 재산권을 선점한 전투기나 상업용 제트기 분야에서는 한국이 뒤처

질지 모르지만, 이제 막 발전을 시작한 전기 비행기 시장은 한국에도 활짝 열려 있다. 전자 산업에서 한국이 가진 저력을 이용한다면 한국은 큰 변화를 만들어 낼 수 있다. 화석연료 비행기가 구시대의 산물이 되는 시점을 20년 후로 잡는다면 전기 비행기 시장 선점을 위해 지금 바로 행동에 나서야 한다.

마지막으로 미래 수요를 충족시킬 만큼 빠르게 규모를 키우기 위해서는 재생 가능 에너지 산업의 주요 주체와의 협력적 관계를 잘 활용해야 한다. 2011년 덴마크와 체결한 '녹색동맹'은 녹색 기술 개발 협업을 증진하는 데 많은 공헌을 했다. 2050년까지 재생 가능 에너지로 100%의 에너지 자급자족을 달성하겠다는 목표는 5개년 경제계획을 수립하는 데 있어서 또 다른 기회가 될 것이다.

한국인만 몰랐던
더 ─ 큰
대한민국

초판 1쇄 발행 2017년 8월 15일
6쇄 발행 2018년 8월 20일

지은이 이만열(임마누엘 페스트라이쉬)
발행인 이선애

디자인 디자인 잔
편 집 박지선
크로스 교정 김동욱
발행처 도서출판 레드우드
출판신고 2014년 7월 15일 (제25100-2014-000048호)
주소 서울시 강남구 밤고개로 26길 50 강남한신휴플러스 607동 202호
전화 070-8804-1030 **팩스** 0504-493-4078
이메일 redwoods88@naver.com
블로그 blog.naver.com/redwoods88

값은 뒤표지에 있습니다.
ISBN 979-11-87705-05-5 (03300)

ⓒ 이만열, 2017

당신의 상상이 한 권의 책이 됩니다.
지혜를 나눌 분은 원고와 아이디어를 redwoods88@naver.com으로 보내 주세요.